Callwey

JAKOB GERNER
HANS-GÜNTER RÖHRIG

DAS GROSSE KRIPPENBUCH

LANDSCHAFT · DETAILS · ZUBEHÖR

HEIMATLICHE UND ORIENTALISCHE KRIPPEN
ZUM SELBERBAUEN

CALLWEY
SPEZIAL

Die Bildvorlagen und Zeichnungen für dieses Buch stammen von Jakob Gerner, mit Ausnahme der Abbildungen auf dem Schutzumschlag sowie der Nummern 100, 191 und 239, die von Emil Bauer, Bamberg, angefertigt wurden, sowie der Fotos 4 und 5, die vom erzbischöflichen Ordinariat in Bamberg zur Verfügung gestellt wurden.
Das Foto auf S. 127 ist von Helmuth Baur-Callwey, München.
Die Anleitungen in diesem Buch wurden sorgfältig erprobt – eine Haftung kann dennoch nicht übernommen werden.

Abbildung auf Seite 2:
Eine orientalische Krippe bietet den ursprünglichen Rahmen für das Geschehen in Bethlehems Stall.

Nebenstehende Abbildung:
Blick auf ein Detail einer fränkischen Krippe. Es läßt ahnen, wie vielfältig die Möglichkeiten sind, die Geburt Christi darzustellen.

Die Deutsche Bibliothek – CIP-Einheitsaufnahme
Das große Krippenbuch: Landschaft, Details, Zubehör; heimatliche und orientalische Krippen zum Selberbauen / Jakob Gerner; Hans-Günter Röhrig. –
München: Callwey, 1997 (Callwey creativ)
ISBN 3-7667-1284-5

Einbandgestaltung Jonas Distel, München, unter Verwendung einer Abbildung der Fränkischen Stallkrippe (s. S. 121), gearbeitet in der Krippenbauschule Bamberg
Satz Filmsatz Schröter GmbH, München
Lithos Fischer Repro Technik GmbH, Frankfurt
Druck und Bindung Ludwig Auer GmbH, Donauwörth
Printed in Germany 1997
ISBN 3-7667-1284-5

INHALT

1 Das ländliche Umfeld gibt viele Anregungen zur Planung und zum Bauen einer Krippe.

2 Das Bauernhaus mit ausgebauter Scheune und Heuboden eignet sich gut für eine Eckkrippe.

EINLEITUNG

Weihnachten ist für Christen das schönste Fest des Jahres, auch wenn dies manchmal im Konsumrausch unterzugehen droht: Da wird ein Kind in einem armseligen Stall geboren, in Windeln gewickelt und in eine Krippe gelegt. Und doch ist es Gottes Sohn, der Erlöser, der uns Menschen den Weg in eine große Zukunft weist.
Die Krippe ist der stimmungsvolle Mittelpunkt einer festlichen Weihnacht, weil sie die Sehnsucht erfüllt, Heilsinhalte zu veranschaulichen. Denn die Botschaft der Heiligen Nacht ist aktueller denn je: Friede auf Erden – wer wünschte sich dies nicht?
Die Weihnachtskrippe ist weitgehend »Kunst des Volkes«, der sich natürlich auch große Künstler verschrieben haben. Denn das Geheimnis der Geburt des göttlichen Kindes ist immer schon eine fast unerschöpfliche Quelle künstlerischer Einfälle gewesen. Die Krippendarstellungen unterliegen dem Wandel der Zeit und dem Engagement der einzelnen Gläubigen. In den letzten Jahrzehnten entstanden Vereinigungen von Krippenfreunden, die sich der Pflege des Brauchtums annahmen, entstanden Krippenbauschulen, die Krippenbauer anleiteten, angemessen die Weihnachtsszene zu gestalten.

3 Jakob Gerner, Leiter der Bamberger Krippenbauschule, gibt seine Erfahrungen an Kursteilnehmer weiter.

Im großen Krippenbuch zeigen wir Ihnen, wie man ohne großen Aufwand seine eigene Weihnachtskrippe bauen kann. Leicht verständliche Anleitungen – wie wir hoffen –, detailgenaue Zeichnungen mit allen Maßangaben, Materiallisten und Schritt-für-Schritt-Fotos ermöglichen das Nacharbeiten auch ohne große technische Vorkenntnisse. Das Spektrum der vorgestellten Krippen reicht von der fränkischen Heimat- über die alpenländische Krippe bis hin zur orientalischen Ruinenkrippe. Dazu kommen Tips und Tricks aus einem reichen Erfahrungsschatz.
Dennoch: Krippenbauen ist keine Spielerei, es ist auch nicht bloß Hobby, es ist Ausdruck unseres Glaubens. Wenn wir trotzdem handwerkliche Kniffe, Tips und fachliche Hinweise geben, dann deswegen, weil sich im Zuge der spürbaren Krippenbegeisterung und Brauchtumpflege auch Darstellungen entwickelt haben, die die Krippe in ihrer Wirkung mindern. Wenn die Anbetung Jesu zwar vor einer heimatlichen Kulisse geschieht, aber Palmen im Vordergrund zu sehen sind, stört das den Eindruck der Krippe genauso als wenn die Figuren die sie umgebenden Gebäude um Haupteslänge überragen. Grundsätzlich sollte eine Krippe auf die Figuren ausgerichtet sein: in eine orientalische Krippe gehören eine Heilige Familie, Hirten und Könige auch in entsprechender orientalischer Gewandung. Sie passen schlicht und einfach nicht in eine winterliche Heimatkrippe, wie auch eine Tanne in einer orientalischen Krippe nichts zu suchen hat. Die Pflanzenwelt sollte nämlich genauso an die Krippe angepaßt sein. In unserer orientalischen Krippe wäre ein Zierzaun wie in der niedersächsischen absolut fehl am Platze. Und denken Sie daran, die Krippe sollte sich nach dem Größenmaß der Figuren richten. Hilfe gibt der hier vorgestellte Krippenmeter.

Jakob Gerner
Hans-Günter Röhrig

4 Figuren aus der sogenannten Jesuiten- oder Sambacher Krippe. Es handelt sich um die Reste eines Dreikönigszuges, der im 18. Jahrhundert entstanden ist. Bamberger Diözesanmuseum.

VOM STALL, HEU, OCHS UND ESEL – GESCHICHTE DER WEIHNACHTSKRIPPE

Die Geburt Christi stellte schon immer eines der großen Themen der europäischen Malerei dar. Erinnert sei an Leonardo, Dürer, Cranach, Altdorfer, Rembrandt und viele andere. Es dauerte relativ lange, bis sich die Volkskunst der bildhaften Darstellung der Christgeburt annahm und die Krippe mit beweglichen Figuren schuf.

Erfinder der Krippe soll der heilige Franziskus sein. Thomas von Celano berichtet in seiner im 13. Jahrhundert entstandenen Beschreibung von einem Geschehnis in Greccio, wo Franziskus zum ersten Mal in der Geschichte die Geburt Jesu in Form einer Krippe darstellte: Die Bauern bauten einen Stall, Heu und Stroh wurden herbeigeschafft, dann ein Ochse und ein Esel, und schließlich wurde die Nacht mit Fackeln erleuchtet, und in der festlichen Messe erklangen fröhliche Lieder. In seiner Predigt sprach Franziskus »mit einer starken, zarten, klaren und wohlklingenden Stimme« über »die Geburt des armen Königs, den er zärtlich und in Liebe das Kind von Bethlehem nannte«. Das fand Anklang beim Volk. Aber der Erfinder der Krippe ist Franziskus nicht. Er steht in einer Tradierung, die davon berichtet, daß bereits die Kirchenväter die Krippe geschaut hätten.

Das Schauen als Vergewisserung des Glaubens ist ein menschliches Grundbedürfnis. Anklänge dieses Wollens finden sich nicht nur in den Bildwerken der Maler und Bildschnitzer sowie in den Erbauungsschriften geistlicher Schriftsteller, die freilich nur ein minimal kleiner Teil der Menschen lesen konnte, sondern auch in den großen, öffentlich zelebrierten Heiltumsweisungen, die zum Beispiel in Bamberg seit dem 14. Jahrhundert eine ungeheuere Anziehungskraft ausübten. Dem Volk wurden dabei auch Reliquien des Gotteskindes vorgewiesen.

So lesen wir im Heiltumsbüchlein von Hans Mair (1493) beim »drit umbganck«:

»In diser monstrantzen ist von dem weihrach, denn die heiligen drey kung dem heren Christo in seiner Kintheit geopffert haben. In einem Gefäß, das beim vierten Gang gewiesen wurde, war neben Reliquien der Maria Magdalena, der eylfftausend maid und des heiligen Georg auch Teil der kripen unsers heren sowie sich nochmals beim elften Umgang in einem Kreuz, dem Holz vom heiligen Kreuz beigelegt war, Teile von der kripen unsers hern Christi befanden.«

Von einer eigenen »Krippenverehrung« kann allerdings zu dieser Zeit noch nicht gesprochen werden. Krippen sind genaugenommen Futtertröge. In der Heiligen Schrift werden sie im Zusammenhang mit der Geburt Christi erwähnt. Beim Evangelisten Lukas heißt es: Maria »gebar ihren Sohn, den Erstgeborenen. Sie wickelte ihn in Windeln und legte ihn in eine Krippe, weil in der Herberge kein Platz für sie war.« Als Begriff meint Krippe die ganze figürliche Darstellung der Geburtsszene.

Als eigenständige Abbildung lassen sich Krippen nach neuesten Forschungen erstmals Mitte des 16. Jahrhunderts in Italien, Spanien und Portugal (1560 findet sich die erste Erwähnung einer Kirchenkrippe in Coimbra/Portugal) nachweisen; bald darauf auch in Süddeutschland. Die Verbreitung der Krippen förderten vor allem die Jesuiten. Sie sahen in dem Auge und Gemüt ansprechenden Figurentheater eine wirkungsvolle Art der Glaubensvermittlung.

Von München weiß man aus einem Quartalbericht von 1563, den P. Heinrich Samerius SJ verfaßte, daß man zum Fest der Christgeburt in der Münchner Augustinerkirche den Altar glanzvoll ausgestattet hatte. Erzählungen darüber und die Kuriositäten hätten sogar Protestanten angelockt, mit den Katholiken gemeinsam das »liebliche Werk« zu bewundern. Die Krippe wurde also hier und anderswo von den Jesuiten durchaus geschickt für ihre gegenreformatorischen Bemühungen genutzt. Sie paßte gut in ihre traditionwerdende Spielpflege, konnten doch die großzügig ausgestatteten Krippenanlagen auch für Krippenspiele mit menschlichen Darstellern verwendet werden. Wie so etwas in Bamberg vor sich ging, schildert die Bamberger Bürgermeisterstochter und Dominikanerin im Kloster Heilig Grab, Anna Maria Junius, in ihrem Tagebuch unter dem 1. Januar 1634:

»Sundtag, den 1. January alls dem heilligen neuen Jarstag haben wir mit grossen freüdten angefangen/ dan die Jesuwiedter haben an uns begert wir sollen ein Jesuskindlein ihm kripplein in unser kirgen setzen/ so wollen sie mit ihren schulkindtern kumen und das kindlein iesu grüssen und verehrn/ welches wir gethon haben/ auch haben wir 4 kindter zu dem kriplein gesetzt welche wir gar schön gekleit haben/ das meidtlein ist die mutter gottes gewessen und das Büeblein ioseff welchen wir einem krahen Bart und har haben umgethon und auffgesetzt/ aber die andtern zwei Büblein haben wir wie englein gekleit diesse haben wir zum kriplein gesetzt welches gar schön und andechtig gewesen ist/ alls nun die Jesuwiedter mit den kindern in unser kirgen kumen seint/ da haben sie gesungen der tag der ist so freydenreich und das ander gesetzt haben wir auff unserer Orgel geschlagen und wir schwestern haben trein gesungen/ darnach haben die kinder das kindtlein/ maria und Joseff gegrüst mit schönen sprüchen nach solchigen haben wir wiederumb ein weinnachten liedtlein gesungen/ und wir wiedter geschlagen und drei gesungen/ alsdann haben sie das kindtlein Jesu wiederumb gegrüst auch bisweilen maria und Joseff welches gar schön und andechtig gewesen ist/ und uns eine rechte andacht geben hat.«

Nach und nach ist die Krippe recht volkstümlich geworden. Zunächst war sie in Kirchen und Klöstern beheimatet, fand dann Eingang in die Adelshäuser, wo man sich in der Ausgestaltung der Krippe und der prunkvollen Darstellungen zu überbieten begann. Vom Bourbonen-König Karl IV. in Neapel wird berichtet, daß er in der Adventszeit täglich Stunden mit Drechseln von Krippenmobiliar verbrachte, während seine sächsische Gattin Maria Amalia und ihre Hofdamen das ganze Jahr über aus edelsten Stoffen Gewänder für die Krippenfiguren nähten. Des Königs Krippensammlung zog sich durch ganze Säle des Palastes hin. Nicht nur die Geburt Jesu war zu sehen: Hunderte von Figuren belebten die Landschaft, in der es auch Bäckereien, Gasthäuser, Metzgerläden mit dem entsprechenden Zubehör gab. Das ganze temperamentvolle südliche Leben spielte sich äußerst realistisch, ja mitunter recht drastisch und derb auf Bethlehems Fluren ab. Und 150 Engel schwebten milde lächelnd darüber. – Auch in die Bürgerhäuser fand die Krippe schnell den Weg, wo man es dem Adel gleichtun wollte.

1803 aber war plötzlich alles aus – zumindest im frommen Bayern. Die Aufklärung, die unter anderem auch die Passionsspiele oder das Weihnachtssingen abschaffte und die mitternächtliche Christ-

5 Anbetung der Könige. Aus dem »Weihnachtsaltar« von Veit Stoß (1523) im Bamberger Dom.

6 Weihnachtsdarstellung. Miniatur aus der »Bamberger Apokalypse«, Staatsbibliothek Bamberg, Msc. Bibl. 140, fol. 63 v.

ker, Behinderte, Gastarbeiter – gesellschaftliche mette auf 5.00 Uhr morgens verlegte, schlug unbarmherzig zu: Die kurfürstlich-bayerische Regierung verhängte ein »Krippen-Urteil«, das jedes öffentliche Aufstellen von Krippen verbot. Nach Ansicht der Theologen der Aufklärung widersprachen Krippen als »sentimentale Spielereien« dem Ernst der Religion. Die Freude an den Krippen ließ sich aber nicht unterdrücken. Die Krippenkunst erlebte Ende des 19. Jahrhunderts eine neue Blüte.

Die Krippendarstellungen unterliegen dem Wandel der Zeit. In unserem Jahrhundert entstanden neben den orientalischen Krippen, die sich der Historie der Jesus-Zeit verpflichtet fühlen, Heimatkrippen, die das Weihnachtsgeschehen in den regionalen oder örtlichen Bezug stellen. Es entwickelten sich aber auch Krippen, die sich Themen der Zeit stellten: Trin-

Außenseiter also – treten zum Kind in der Krippe. Allerdings lassen das Weihnachtsgeschehen und die damit verbundene Empfindlichkeit und Empfindsamkeit beim Beschauer eine weitergehende abstrakte Darstellung ziemlich problematisch erscheinen.

Recht populär geworden sind dagegen Ochs und Esel – in vielen Krippendarstellungen zu sehen –, die aber im Evangelium nicht verbürgt sind. Die Geschichte von Ochs und Esel, die sich über das Gotteskind beugen und es mit ihrem Atem wärmen, stammt aus einer apokryphen Quelle (18. Jahrhundert). Und was ist mit den Heiligen Drei Königen? Das Matthäus-Evangelium spricht – je nach Übersetzung – von Weisen, Magiern oder Astrologen aus dem Osten, die einer Sternenkonstellation folgend über Jerusalem nach Bethlehem kamen, um den neugeborenen König der Juden zu suchen. In der Bibel heißt es: »Sie gingen in das Haus und sahen das Kind und Maria, seine Mutter; da fielen sie nieder und huldigten ihm. Dann holten sie ihre Schätze hervor und brachten Gold, Weihrauch und Myrrhe als Gaben dar.«

Der Volksglauben machte mit der Zeit aus den Magiern Könige verschiedener Erdteile und legte ihre Zahl in Anbindung an die der Geschenke auf drei fest. Seit dem sechsten Jahrhundert werden ihre Namen mit Caspar, Melchior und Balthasar angegeben. In der Kunst wird zumeist Caspar als Myrrhe schenkender Afrikaner abgebildet, Melchior als Goldschätze überreichender Europäer und Balthasar als asiatischer König gezeigt, der Weihrauch zur Krippe bringt.

Drei Impressionen aus der Bamberger Krippenbauschule:

7 Für die Fertigung eines Staketenzaunes eignen sich kleine Stäbchen von Fichtenzweigen.

8 Arbeiten am Dach großer Krippen erfordern manchmal eine Stufenleiter oder auch den Arbeitstisch als Standfläche.

9 Das Ziegeldach wird mit roter Farbe eingelassen.

WERKZEUG, MATERIAL UND VERSCHIEDENE ARBEITSGÄNGE

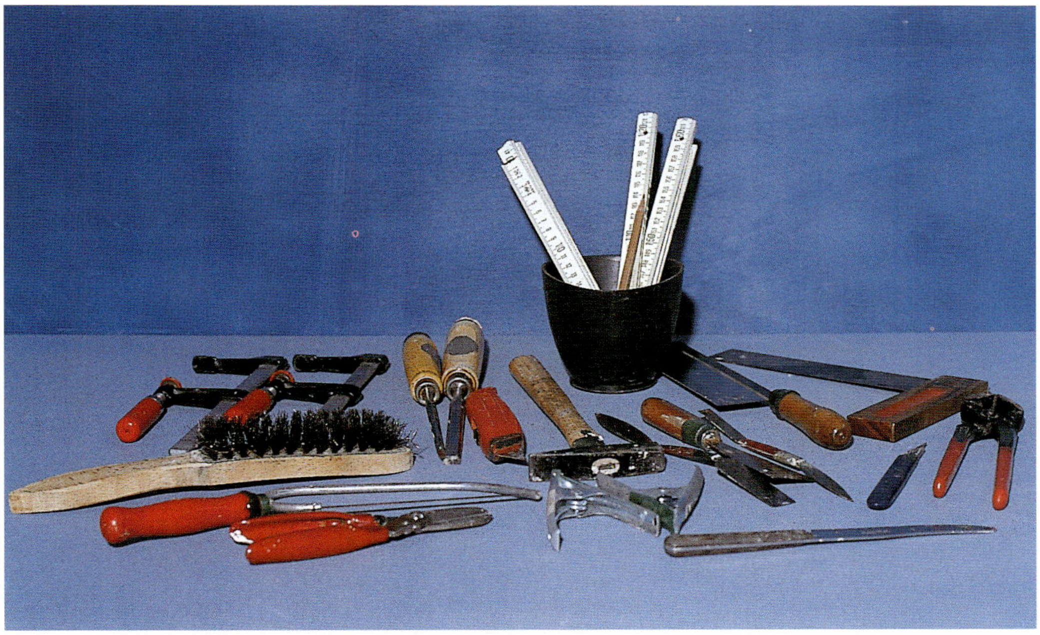

10 Zum Krippenbau werden Werkzeuge benötigt, die jeder Bastler kennt und in der Regel in seiner Werkstatt hat.

11 Das Größenmaß für Türen und Fenster richtet sich nach dem Bauwerk und seinen Figuren.

WERKZEUG

Zum Krippenbau werden Werkzeuge benötigt, wie sie jeder Bastler kennt und in der Regel auch zu Hause hat: Hammer, Kneifzange, Drahtbürste, Metermaß, Bleistift, Spachtel, Raspelfeile, Bohrmaschine mit verschieden starken Holzbohrern, Stichsäge, Zwinge, Winkel, Stemmeisen, Fuchsschwanz, Laubsäge, Gipsbecher, Schnitz- oder Tapeziermesser. Sie sollten jedoch darauf achten, daß der Arbeitsplatz geräumig und stabil ist.

MATERIAL UND VERSCHIEDENE ARBEITSGÄNGE

Ob Sie nun den fränkischen Bauernhof, die alpenländische Krippe oder aber die orientalische Ruinenkrippe bauen: Das Herstellen von Mauerwerk, Fenstern und Türen, von Gebälk und Dach, die Bearbeitung des Holzes, das Anbringen von Verputz, die Gestaltung der Landschaft sind vom Arbeitsablauf her immer gleich. Bei den Anleitungen zum Bau der Krippen blättern Sie daher immer wieder hierher zurück. Die Tips aus der »Trickkiste«, seit Jahren in der Bamberger Krippenbauschule erprobt, erleichtern Ihnen die Arbeit.

Türen und Fenster

Das Größenmaß richtet sich nach dem Bauwerk. Türen und Fenster sollten jeweils zum Gebäude passen.

Um die Fenster- und Türöffnungen im Mauerwerk zu verstärken, wird vor Einsetzen des Türblattes und der Fensterkreuze auf der Rückseite der Öffnungen ein ca. 1,0–2,0 cm breiter Streifen aus Spanplatte (1,0 cm stark) angeleimt. Einen ähnlichen Effekt erreicht man auch durch das Aufleimen von Leistchen (2,0 x 0,3 cm) in den Innenseiten der Öffnungen. Für *Bogenfenster* bieten sich zu diesem Zweck Karton- oder Furnierstreifen an, da sie gebogen werden können.

12 Beispiele für die Gestaltung von Türen. Diese können sowohl für heimatliche als auch für orientalische Krippen verwendet werden.

Die <u>*Türen*</u> können in verschiedenen Formen gestaltet werden. Als Unterbau wird gewöhnlich Sperrholz (0,4 cm stark) benutzt.
Es gibt mehrere Herstellungsarten:

- Die vorgesehenen Rillen werden mit einem scharfen Messer in das Sperrholz eingeschnitten.
- Die einzelnen Brettchen für die Türfüllung oder Aufdopplung werden einzeln aufgeleimt.

Türdrücker, Scharnierbänder und eventuell ein Zierring vervollständigen die Tür.

13 Für ein geschlossenes Scheunentor eignet sich besonders der zusätzliche Einbau einer Tür.

14 Bei halboffenen Türen wird die Türrückseite an ein konisch zulaufendes Bodenbrett (ca. 2–3 cm stark) angeleimt. ▷

15 Gestaltungsvorschlag für Tür und Fenster einer heimatlichen Krippe. ▷▷

16 *Das Fenster kann zusammen mit dem Fensterkreuz aus Sperrholz ausgesägt werden.*

Das Fensterkreuz im Fenster der heimatlichen Krippe besteht der Einfachheit halber aus dünnen Stäbchen. Das Fenster kann aber auch zusammen mit dem Fensterkreuz aus Sperrholz ausgesägt und mit einer Folie hinterlegt auf der Rückseite der Öffnung aufgeleimt werden.
Für orientalische Fenster eignet sich besser gitterähnliches Material wie zum Beispiel Fliegengitter, Stramin, Lamellen von Autobatterien oder Heizgitterverkleidungen sowie enges Korbgeflecht.

◁ 17 *Um eine größere Mauerstärke zu erzielen, werden Türen und Fenster durch Leistchen verstärkt. Für die Einrahmung werden ca. 0,3 cm starke Streifen aufgeleimt.*

18 *Für die Gestaltung von orientalischen Fenstern eignet sich gitterähnliches Material.*

Gebälk und Dach

Bearbeitung des Holzes: Bei den Kanthölzern und Leistchen (sie werden gebraucht für Fachwerk, Gebälk, Zäune) müssen mit einem scharfen Schnitzmesser die sichtbaren Kanten unregelmäßig gebrochen und mit einer Drahtbürste nachbehandelt werden.

Eindecken eines Schindeldaches: Die Schindeln werden mit einem alten Brotmesser von einer trockenen Fichtenlatte oder einem ca. 3,5–4,0 cm breiten Streifen von einem Weichholzbrett (2,0 bis 2,5 cm stark), Stück für Stück etwa 2 mm stark, entlang der Faser, abgespalten.

Als Unterbau für das zu belegende Dach verwenden wir Sperrholz (4 mm). Man beginnt an der Dachtraufe. Unten wird ein kleines Leistchen (1,5 mm × 4–5 mm) angeleimt, damit die erste Schindellage eine schräge Auflage bekommt. Diese Lage wird so angeleimt, daß ein halber bis dreiviertel Zentimeter übersteht, je nach Größe des Hauses bzw. Größe der Figuren. Die jeweils nachfolgende Reihe überlappt die vorhergehende um ca. 1,6–1,7 cm.

Die Oberkante der folgenden Schindellage kennzeichnen wir mit einem Bleistiftstrich auf der Sperrholzplatte. Die Schindeln werden durch ein Leimband entlang dieses Striches auf dem oberen Rand der unteren Schindelreihe gehalten. Die Schindeln werden im Verbund gelegt, das heißt, die folgende Schindel überdeckt den Stoß der unteren Schindeln. Als oberen Abschluß sollte man drei Lagen Schindeln in immer kleinerem Abstand nach oben anbringen.

Als First dient eine den übrigen Maßen entsprechend breite Leiste. Damit die Schindeln gut haften, wird zum Trocknen des Leimes das Dach über Nacht gepreßt. Anschließend wird zur Verbesserung der Struktur das Schindeldach mit einer Drahtbürste in Maserrichtung aufgerauht und mit einer wasserlöslichen Beize eingefärbt. Möglich ist es auch, die Schindeln mit dem Bunsenbrenner anzukohlen und dann zu bürsten.

19 Brechen der Kanten mit dem Schnitzmesser.

20 Aufrauhen der Leistchen mit einer Drahtbürste.

21 Fertigen von Schindeln.

22 Vor dem Auftragen der ersten Reihe wird eine Leiste quer zum Ziegelverbund auf das Grundbrett aufgeleimt.

Ziegel: Dachziegel werden aus Balsaholz oder aus Holzspateln (als Holz-Mundspatel in der Apotheke erhältlich) hergestellt. Sie können aber auch hölzerne Eisstiele sammeln und davon kleinere Ziegel abschneiden. Das Aufkleben erfolgt wie bei den Schindeln. Auch hier sollte beachtet werden, daß vor dem Auftragen der ersten Reihe eine Leiste quer zum Ziegelverbund auf das Grundbrett aufgeleimt wird und die einzelnen Ziegelreihen versetzt verlegt werden.

23 Ziegel und Schindeln stets in versetzter Reihenfolge auf der Dachoberfläche aufleimen.

24 Die drei Dachtypen im Überblick: Ziegel, Wellpappe und Schindeln (von links nach rechts).

25 *Die offenen Rillen der Wellpapierstreifen werden mit Zahnstocher versteift.*

Dach für orientalische Krippen: Die orientalischen Gebäude haben zumeist ein Flachdach. Es wird beim Krippenbau mittels einer Spanplatte (1,0 bis 2,0 cm stark) hergestellt und mit Krippenmörtel verputzt. Zinnen oder Balustraden vervollständigen den Dachabschluß. Für schräge Dachneigungen werden jedoch Streifen aus Wellpappe gefertigt, wobei eine Seite der Pappe abgezogen wird und die einzelnen offenen Rillen mit Zahnstochern versteift werden. Die so vorbereiteten Streifen werden auf der Dachfläche (Sperrholz, 0,4 cm stark) aufgeleimt. Dabei überlappen sich die einzelnen Streifen um etwa ein Viertel.

26 *Die Streifen aus Wellpapier werden überlappend auf das Dachbrett aufgeleimt.*

27 Mit einem scharfen Messer werden die Kanten der Würfel unregelmäßig gebrochen.

Mauerwerk

Aus Styropor, besser aus Styrodur, werden unregelmäßige Würfel geschnitten und mit einem scharfen Messer an den Kanten unregelmäßig gebrochen. Die so gefertigten Würfel setzt man – ebenfalls unregelmäßig – aufeinander und verleimt sie. Um die Stabilität zu verbessern, werden längere Nägel – besser sind Drahtstäbchen – eingesteckt. Nach Trocknen des Leimes kann mit der Drahtbürste die Oberflächenstruktur verbessert werden.

28, 29 Die gefertigten Würfel werden unregelmäßig aufeinandergesetzt verleimt und mit Drahtstäbchen verfestigt. ▷▽

30 Die Fugen des Mauerwerkes können auch mittels eines Brennstabes eingeschnitten werden. Achtung: Es entstehen giftige Dämpfe! ▷▷

Wer sich nicht die Mühe machen will, aus Styrodur einzelne Würfel zu fertigen und zusammenzusetzen, kann in die Styrodurfläche (0,5 bis 0,8 cm Stärke) Streifen, die das Mauerwerk andeuten, einschneiden. Das geschieht mittels eines Brennstabes. Achtung: Nur bei geöffnetem Fenster oder im Freien arbeiten, da bei diesem Arbeitsvorgang giftige Dämpfe entstehen! Aber auch mit einem Messer lassen sich in Styrodur Fugen herausschnitzen.

Einen ähnlichen Effekt kann man auch mit Steinen, die aus Lärchenrinde gearbeitet sind, erreichen. Diese werden nach ihrer Bearbeitung aufeinandergesetzt, verleimt und zur besseren Stabilität genagelt. Ebenso können in Streifen aus Lärchenrinde einzelne Mauersteine eingeritzt werden.

Krippenmörtel

Für die Herstellung des Krippenmörtels werden Sägemehl und Schlämmkreide in einem Verhältnis von 60 zu 40 Prozent vermischt und mit stark sämigem Kaltleim (dazu wird der Leim mit kaltem Wasser so weit verdünnt, bis dieser wie stark sahnige Milch aussieht) verrührt. Für feinen Putz verwendet man besser Schleifmehl.

Putz

Nach Fertigstellung der Bauwerke und des Geländes wird der vorbereitete Krippenmörtel auf die vorgesehenen Putzflächen aufgetragen. Zuvor wird jedoch die zum Putz vorgesehene Fläche mit leicht sämigem Leimwasser eingestrichen.

Anschließend wird der Putz mit Pinsel oder Spachtel aufgetragen. Bitte beachten Sie, daß Sie den Krippenmörtel nicht zu dick auftragen, da der Putz sonst reißen kann. Sollen Putzschäden auf dem Mauerwerk angedeutet werden, ist an dieser Stelle der Mörtel dünn aufzutragen, um die Abgrenzung zwischen Stein- und Putzfläche besser kenntlich zu machen. Ist der so aufgetragene Putz leicht angetrocknet, werden mit einem spitzen Gegenstand (Nagel, Schraubenzieher) die Fugen eingeritzt.

Putzschäden, die das Krippengebäude älter aussehen lassen, können aber auch dargestellt werden, indem man vor Auftragen des Krippenmörtels kleine Steine aus Filz oder Kork aufklebt. Diese Putzstellen können auch, wie bereits bei der Herstellung eines Mauerwerks beschrieben, mit Streifen (Größe richtet sich nach der Größe der Putzfläche) aus Styrodur oder Lärchenrinde hergestellt werden.

31 und 32 Nach dem Trocknen wird das Mauerwerk mit der Drahtbürste oder grobem Schleifpapier aufgerauht.

33 Mit einem Pinsel wird die Mauerfläche mit dünnem Putz überzogen, damit die aufgerauhte Struktur und die Fugen erhalten bleiben.

34 Putzflächen werden nur ganz schwach unter Zuhilfenahme eines Pinsels mit Mörtel überzogen.

Die Putzschäden werden dann nur ganz schwach unter Zuhilfenahme eines Pinsels mit der Mörtelmasse überzogen, wobei zu beachten ist, daß zuvor alles mit Leimwasser getränkt wurde.
Sind Gebäude und Landschaft verputzt und die Teile gut durchgetrocknet, wird alles mit einer wisch- und wasserfesten weißen Farbe, am besten weiße Dispersionsfarbe, angestrichen. Ausgenommen sind die Dächer aus Schindeln, Ziegeln und Wellpappe sowie alle Holzteile.

35 Auftrag der Streichmasse (Putz) mit einem Modellierspachtel. Vorher muß die vorgesehene Fläche mit leicht sämigem Leimwasser eingestrichen werden.

Bemalen

Die mit Krippenmörtel überzogenen und dann weiß gestrichenen Flächen werden je nach Art der Krippe farbig behandelt. Wir schlagen dafür Erdfarben vor, die mit dünnem Leimwasser aufgetragen und nach leichtem Antrocknen mit einem mäßig nassen Schwamm (Wischtechnik) nachbehandelt werden. Für sichtbare Holzteile können ebenfalls Erdfarben, besser Beize, verwendet werden. Die Ziegel auf dem Dach streicht man mit roter Erdfarbe ein und tönt sie nach dem Trocknen leicht mit Umbra oder Schwarz ab.

36 Unebenes Gelände kann mit Hilfe von Rinde, Styropor, Styrodur, Preßpappe und ähnlich geeigneten Materialien hergestellt werden.

37 Mit einem Pinsel wird die erstellte Fläche mit Leimwasser und anschließend mit Putz überzogen.

38 Nach dem Trocknen die Putzfläche mit weißer Dispersionsfarbe überstreichen.

39 Vor der Weiterbehandlung müssen Sie die Dispersionsfarbe trocknen lassen.

40 Die weiß gestrichene Fläche wird je nach Stilart der Krippe farbig behandelt. Wir verwenden Erdfarben, die mittels eines Pinsels mit Leimwasser aufgetragen werden.

41 Nach leichtem Antrocknen können die Farben mit einem nassen Schwamm verwischt werden.

KRIPPENZUBEHÖR

Die Krippenszene statten wir mit Details aus: Besen, Sägen, Sensen, Rechen, Futtersäcken, Schubkarren oder Leitern sind bestens geeignet. Allerdings ist hier einige Zurückhaltung angebracht: Das Beiwerk sollte sich nicht aufdrängen. In Fachgeschäften gibt es entsprechendes Zubehör zu kaufen. Man kann es aber auch leicht selbst herstellen, entweder nach Originalen oder nach Vorlagen in Büchern mit bäuerlichem Gerät. Man sollte aber auch hier immer das richtige Größenverhältnis im Auge haben: Die Gegenstände müssen in ihren Maßen zu den Figuren, zum Stall oder Haus und zum Stil der Krippe passen.

42 Krippenzubehör, das in Fachgeschäften gekauft oder auch selbst hergestellt werden kann.

43 Kraxe (Traggestell) für Händler, wie sie in vielen alpenländischen Krippen zu sehen ist.

44 Selbst hergestelltes Zubehör bereichert eine heimatliche Krippe.

45 Ein Steg in einer alpenländischen Krippe. Zwei Balken verbinden die beiden Uferseiten. Darüber werden ungleich breite, dünne Brettchen gelegt und verleimt. Als einseitiges Geländer dienen zwei senkrecht befestigte Bälkchen mit einem Querbrett als Handlauf.

STEG

Soll die Krippe in eine weitläufige Landschaft eingefügt werden, bietet sich auch ein Wasserlauf an, über den ein Steg führt. Mit ein wenig Phantasie ist auch dieses optisch reizvolle Detail schnell hergestellt.

BELEUCHTUNG

Wer seine Krippe beleuchten möchte, findet entsprechendes Zubehör ebenfalls in Fachgeschäften. Gut geeignet sind Utensilien aus Puppenstuben oder von Modelleisenbahnen. Benötigt wird jedenfalls ein Transformator, um die Lampen und das Feuer mit Schwachstrom zu betreiben.

46 Elektrisches Zubehör, das zur stimmungsvollen Ausleuchtung einer Krippe notwendig ist.

KRIPPENBOTANIK

Pflanzenwuchs, Sträucher und Bäume machen die Krippe lebendiger. Achten Sie aber darauf, daß die Pflanzenart auch zur Krippe paßt; also keine Tannenbäume in eine orientalische und keine Palme in eine heimatliche Krippe. Und nicht immer muß Moos zur Gestaltung verwendet werden. Wirkungsvoller sind Pflanzen, Stauden und Wurzeln, die als Gebüsch oder Bäume in der Landschaft hervorragend geeignet sind. Im Küchengarten finden wir kleinwüchsige und kleinblättrige Pflanzen wie Salbei oder Thymian. Schleierkraut gibt es beim Gärtner. Auch Zierwacholder kann sehr reizvoll sein. Beim Zurückschneiden von Hecken finden sich manchmal schön geformte Verästelungen, die als Bäume verwendet werden können. Geeignet sind auch Heidelbeerstauden, Berberitze, Zweige vom Buxbaum, Wurzeln der Föhre. Für Ölbäume, die einer orientalischen Krippe gut anstehen, können sämtliche Arten der Scheinzypresse, Hirschheiderich, Astilben, Rainfarn, Schafgarbe und im Herbst blühendes Heidekraut genommen werden.

Den Pflanzen muß, damit sie haltbar bleiben, das Wasser entzogen werden. Dazu kommen sie noch am gleichen Tag, an dem sie gepflückt werden, in eine Konservierungslösung. Zur Konservierung sind zwei aufeinanderfolgende Bäder notwendig. Für das erste Bad werden 2 l Wasser, $^1/_4$ l Formalin und $^1/_4$ l Glyzerin vermischt oder nach Bedarf ein Vielfaches. In dieser Lösung bleiben die Pflanzen vier bis fünf Tage. Herausgenommen läßt man sie ungefähr zwei bis drei Stunden antrocknen.

Anschließend werden sie in das zweite Bad gegeben, das aus 2 l Wasser und $^1/_4$ l Glyzerin besteht. In diesem Bad verbleiben die Pflanzen nochmals 14 Tage. Dann aus der Lösung nehmen und trocknen lassen.

Achtung: Da Formalindämpfe giftig sind, darf das erste Bad niemals in geschlossenen Räumen aufgestellt werden. Braun gewordene Blätter können grün nachgefärbt werden. Bastelgeschäfte oder Garten-

47, 48 Aus Schilf gefertigte Zypresse: Sechs bis zehn Schilfrohrspitzen um ein Vierkantleistchen (0,5 × 0,5 cm) mit dünnem Blumendraht oder Schnur befestigen. Gebinde nach unten halten, mit Tapetenkleister überziehen und mit der Hand spitz nach unten formen. Die so geformte Zypresse mit der Spitze nach unten aufhängen und trocknen lassen. Mit matter grüner Farbe aus der Spraydose behandeln. Stamm auf Länge zuschneiden, mit Krippenputz überziehen und mit brauner Erdfarbe streichen.

50 In den Stamm werden Spitzen von Thuja- oder Scheinzypressen als Astwerk eingelassen und mit Krippenmörtel eingeputzt. ▷

49 Stamm einer abgestorbenen Fichtenpflanze mit Wurzel.

51 Eine präparierte Astspitze von einer Zypresse eignet sich gut als Baum in einer orientalischen Krippe. ▷

center bieten oftmals künstliche, baumähnlich geformte Artikel an. Übrigens: Auch Bonsai-Pflanzen eignen sich sehr gut zum Gestalten der Krippenlandschaft.
Bitte beachten Sie: Werden Bäume bei der Krippe aufgestellt, ist stets auf das Größenverhältnis zu achten. Für 18-cm-Figuren müssen die Bäume eine Mindesthöhe von 50 cm besitzen.

HERSTELLUNG VON NADELBÄUMEN UND PALMEN

Nadelbäume

Benötigt werden Thujazweige, Wacholderzweige, Zypressen und Scheinzypressen, Stamm von abgestorbener Fichtenpflanze (pro Baum ca. 30,0 bis 40,0 cm) mit Wurzel.
Etwa ein Drittel der Stammlänge bleibt ohne Äste, zwei Drittel werden mit drei Thujazweigen oder ähnlichen Zweigen im Stamm angeleimt. Dafür zuvor entsprechende Löcher in den Stamm bohren. Die Äste sollen immer schräg nach unten zeigen. Jetzt noch drei bis fünf weitere Astkränze anbringen, wobei die Zweige nach oben hin immer kürzer werden. Als Abschluß einen kleinen Zweigkranz aufsetzen. Die Äste sollten vorher konserviert und farbig nachbehandelt werden.
Nach Fertigstellung wird der Stamm mit Wurzeln auf einer entsprechend großen Sperrholzplatte befestigt. Das Wurzelwerk wird mit Krippenputz versehen, so daß die oberen Wurzeln quasi naturgetreu aus dem Gelände herauswachsen. Für eine Winterlandschaft kann man den Nadelbaum noch mit künstlichem Schnee aus der Spraydose behandeln.

52, 53 Eine gut geformte Wurzel oder eine abgestorbene Fichtenpflanze, mit Hirschheiderich oder grünen Flocken (im Spielwarengeschäft erhältlich) überzogen, eignet sich als Laubbaum. ▷▽

55 Arbeitsbrett zur Herstellung von Palmenblättern. ▷

56 Zwischen der ersten und zweiten Lage Tonpapier wird ein Bindedraht von der oberen zur unteren Nagelreihe harfenähnlich gespannt. ▷

Palmen

Da Palmen ganz selten gerade wachsen, wird als Stamm ein Ast (Rute) von einer Haselnuß- oder Weidenstaude genommen. Die Stammlänge sollte für 16-cm-Figuren zwischen 35 und 40 cm betragen. Der Stamm wird mit Leim bestrichen und mit einer ca. 2 mm starken Schnur (besser Hanf- oder Juteschnur) umwickelt. Das obere Ende (ca. 2–3 cm) wird vorläufig für die Befestigung der Blätter freigelassen. Die Schnur noch nicht abschneiden.

54 Eine Palmengruppe sollte in keiner orientalischen Krippe fehlen. ▷

57 Die zweite Lage Tonpapier wird mit Kontaktkleber aufgeklebt und angepreßt. Durch Entlangstreichen beiderseits des Drahtes wird die Blattrippe herausgearbeitet. ▷

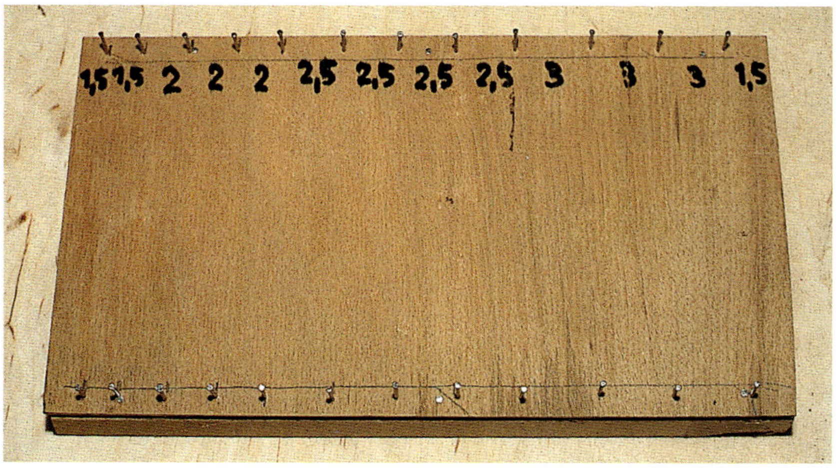

Zur *Herstellung der Palmenblätter* werden in einem Brett (Spanplatte, ca. 20 × 30 cm) Nägel im Abstand von 4, 3 und 2 cm in einer oberen und unteren Reihe leicht eingeschlagen. Zwischen die beiden Nagelreihen wird ein ca. 15 cm breiter und 30 cm langer olivgrüner Tonpapierstreifen (besser aus Kaliko) gelegt. Anschließend einen ca. 1 mm starken Bindedraht von der oberen zur unteren Nagelreihe harfenähnlich spannen und die ganze Fläche mit Leim einstreichen (besser: Kontaktkleber). Einen zweiten Tonpapierstreifen auflegen und anpressen. Durch Entlangstreichen beiderseits des Drahtes mit den Fingernägeln oder dem Scherenrücken wird die Blattrippe besser herausgearbeitet.
Nach Trocknen des Leimes Draht von den Nägeln lösen und den Bogen in Streifen von 4, 3 und 2 cm schneiden, wobei die Blattrippe jeweils in der Mitte eines Streifens liegt. Aus den einzelnen Streifen lanzettförmige Blätter in fünf verschiedenen Größen schneiden und von der Spitze beginnend schräg zur Blattrippe im millimeterbreiten Abstand einschneiden. Die Blattrippe kann noch mit Ockerfarbe hervorgehoben werden.

Blattgröße:
12 cm (+2 cm für Blattstiel) lang und 3,5 cm breit
11 cm (+2 cm für Blattstiel) lang und 2,6 cm breit
9 cm (+2 cm für Blattstiel) lang und 2,4 cm breit
7 cm (+2 cm für Blattstiel) lang und 2,0 cm breit
4 cm (+2 cm für Blattstiel) lang und 1,5 cm breit

58 Die lanzenförmig geschnittenen Blätter werden von der Spitze beginnend schräg zur Blattrippe in millimeterbreitem Abstand eingeschnitten.

Die so gefertigten Blätter werden an der freigelassenen Stelle des Stammes mit dünnem Bindedraht befestigt, wobei die Reihenfolge der Blätter im aufsteigenden Größenverhältnis von unten nach oben erfolgt. Jetzt wird der Rest der Schnur um den Stamm gewickelt. Drei kleine Blätter bilden den oberen Abschluß und werden in ein vorgebohrtes Loch in der oberen Stammspitze eingelassen. Zuletzt können noch Kokosfasern oder braune Besenborsten aufgeleimt werden. Dann wird der mit Schnur umwickelte Stamm mit dünnflüssigem Leimwasser bestrichen, mit Sägemehl bestreut und mit brauner Nußbeize behandelt.

59 Der Stamm wird mit Leim bestrichen und mit einer Schnur umwickelt. Das obere Ende (ca. 2–3 cm) wird vorläufig freigelassen.

60 Die Palmenblätter werden im aufsteigenden Größenverhältnis von unten nach oben an der freigelassenen Stelle des Stammes mit dünnem Bindedraht befestigt.

KRIPPENMETER

Damit die Heilige Familie nicht größer ist als das Krippenhaus, sollte der Krippenbauer bei der Erstellung seiner Krippe besonders auf die richtige Proportion zwischen Krippenwerk und den dazugehörigen Figuren achten, das heißt, auf das richtige Zusammenpassen aller Maße.
Dieses Verhältnis kann man leicht an Hand eines Krippenmeters in Form eines Nomogrammes ermitteln, das auf die geforderte Figurengröße abgestimmt ist. Es kann durch Veränderung der Leitlinie auf jede andere Figurengröße bezogen werden.
Auf einem Millimeterpapier werden eine senkrechte und eine waagrechte Linie aufgetragen, die vom Punkt 0 ausgehen. Die waagrechte Linie stellt den Normalmeter (NM) dar, im Maßstab 1:10 in Dezimeter unterteilt, während die senkrechte Linie im Maßstab 1:1 eine Zentimetereinteilung erhält und den sogenannten Krippenmeter (KM) bedeutet.
Für die graphische Darstellung des Krippenmeters wird die Durchschnittsgröße eines Menschen mit 1,70 m angenommen. Auf der Waagrechten (NM) wird beim Maß 1,70 m eine Parallele zur Senkrechten (KM) und auf der Senkrechten (KM) das Maß der gewünschten Figurengröße aufgetragen und eine weitere Parallele zur Waagrechten gezogen. Im Beispiel ist die Figurengröße von 14 cm angenommen. Die zeichnerische Verbindung zwischen Punkt 0 und dem Schnittpunkt der gezogenen Parallelen ergibt die Leitlinie (L) für den Krippenmaßstab.

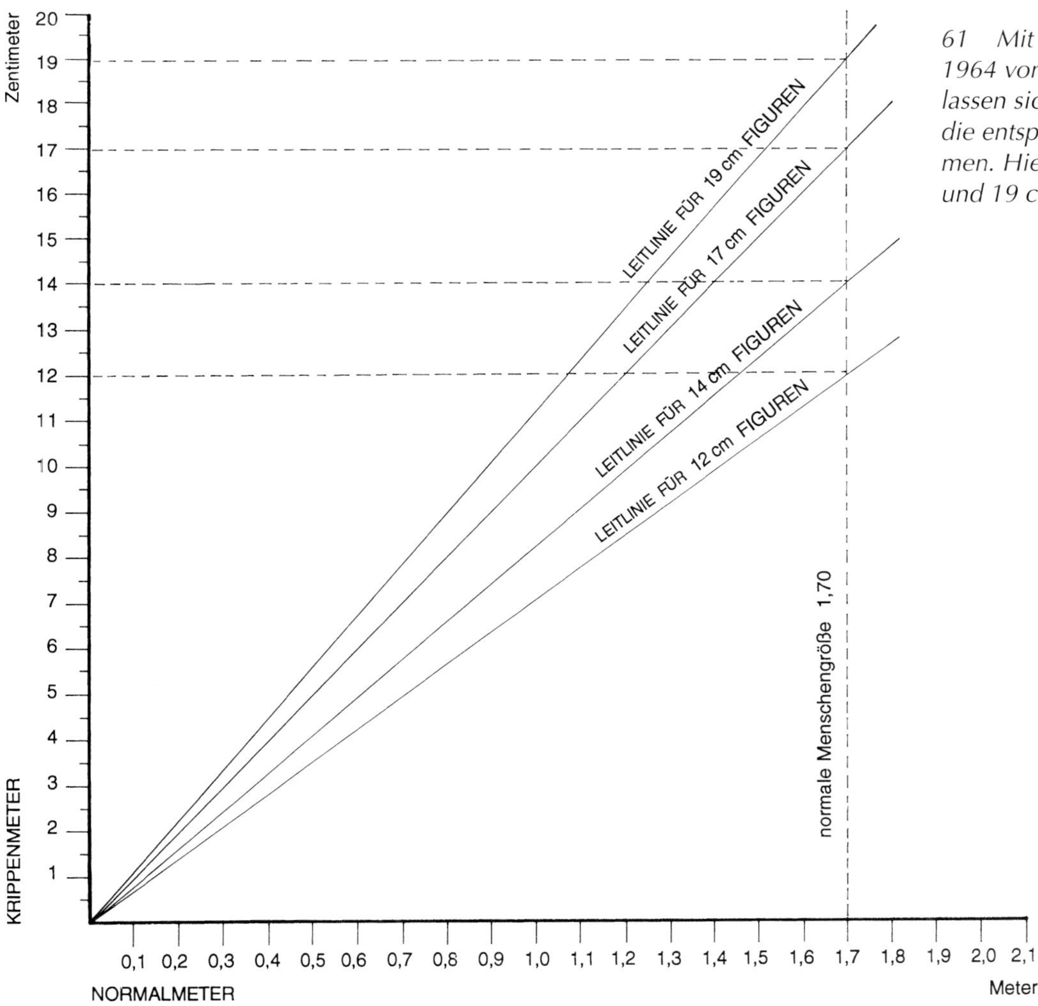

61 Mit dem Krippenmeter, schon 1964 von Jakob Gerner entwickelt, lassen sich anhand der Leitlinien die entsprechenden Maße bestimmen. Hier die Maße für 12, 14, 17 und 19 cm große Figuren.

Mit Hilfe dieser Leitlinie kann das Krippenmaß (Verhältnis) der einzelnen Naturmaße zur vorgegebenen Figurengröße auf der Senkrechten abgelesen werden.

Wird zum Beispiel das Krippenmaß für eine Türhöhe gesucht, wird wie folgt verfahren: Auf der Waagrechten (NM) wird beim Normalmaß 2,00 Meter eine Senkrechte ① bis zum Schnittpunkt mit der Leitlinie (L) gezogen. Durch diesen Schnittpunkt (S1) wird eine Parallele zur Waagrechten (NM) bis zur Senkrechten (KM) gezogen. Der Schnittpunkt mit der Senkrechten zeigt das gesuchte Krippenmaß an (hier: 16,5 cm). Alle anderen Normalmaße lassen sich in der gleichen Weise herleiten.

Das Nomogramm zeigt zur besseren Erklärung noch einige Beispiele für 14-cm-Figuren auf:

① NM Höhe eines Stuhlsitzes	0,46 m KM = 3,6 cm
② NM Höhe eines Tisches	0,75 m KM = 6,2 cm
③ NM einer Türbreite	0,85 m KM = 7,0 cm
④ NM Höhe eines Fenstersimses	1,00 m KM = 8,3 cm
⑤ NM einer Fensterhöhe	1,20 m KM = 9,8 cm

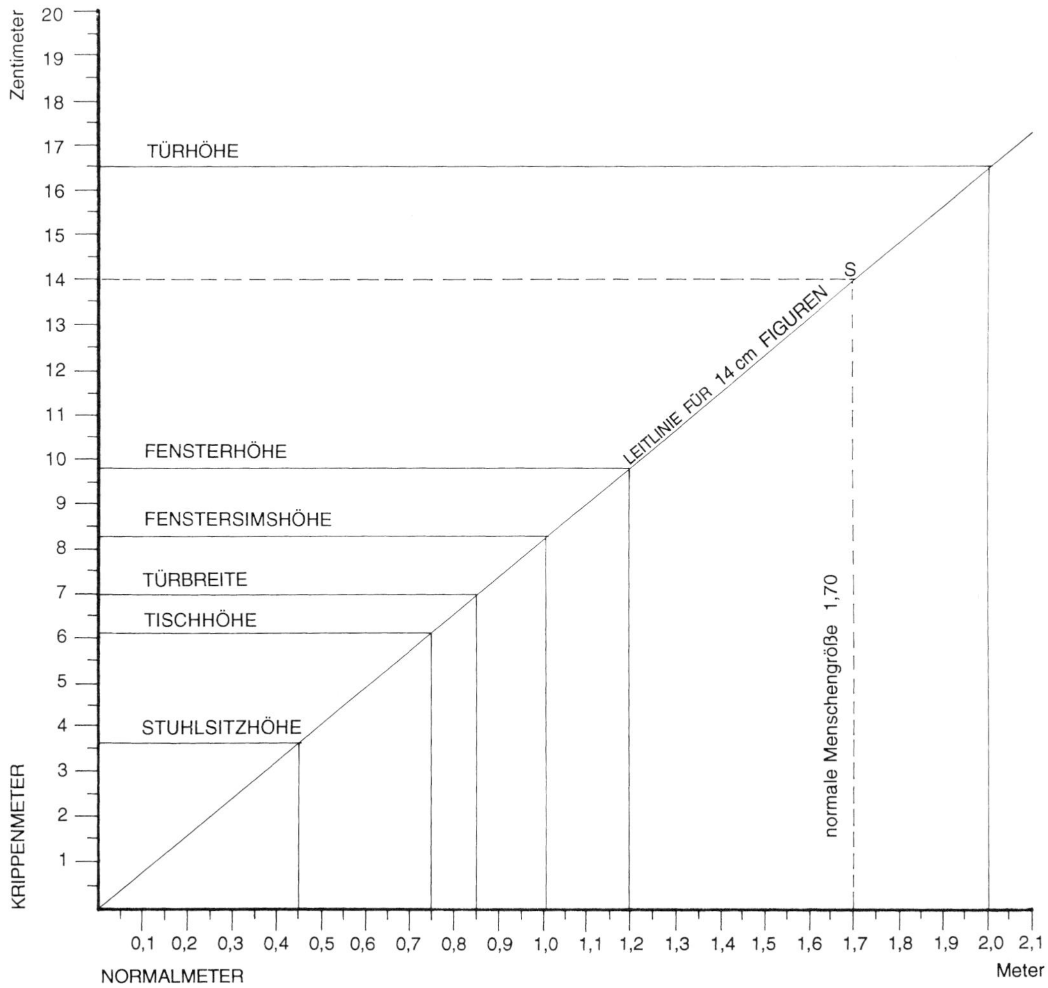

62 Mittels der Leitlinie für 14 cm große Figuren können die natürlichen Maße für Gegenstände oder Fenster- und Türöffnungen bestimmt werden.

FRÄNKISCHE KRIPPE

63 Das Weihnachtsgeschehen in einer fränkischen Krippe; die handelnden Personen sind in heimatliche Trachten gekleidet.

Franken ist ein altes Krippenland. Die fränkische Vorliebe für das Plastische, das Lebendige hat eine Krippe mit ausgesprochenem Heimatcharakter hervorgebracht. Das Weihnachtsgeschehen ereignet sich vor heimatlichen Motiven, die handelnden Personen sind in heimatliche Trachten gekleidet. Diese Krippen leben vom Glauben und der Hoffnung, daß der Erlöser zu uns kam.

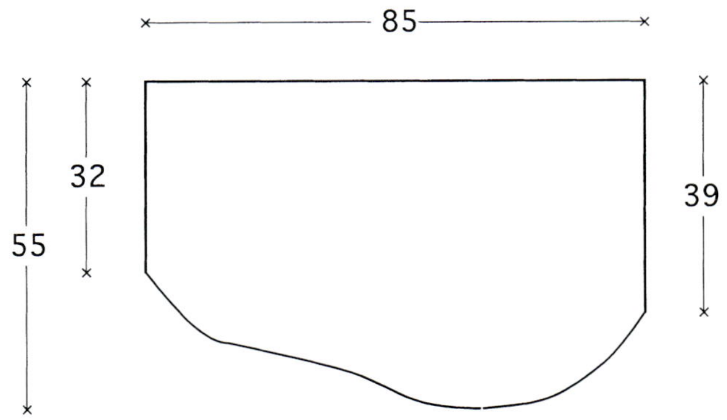

64 Grundplatte (Bodenplatte).

MATERIAL UND MASSANGABEN

Grundplatte: 85 × 55 cm

A: 52 × 49 cm
B: 49 × 29 cm
C: 43 × 29 cm
D: 23,5 × 49 cm
E: 17 × 34,5 cm
(Grundplatte und Teile A bis E aus jeweils 1,0 cm starker Spanplatte)

Dach: 35 × 62 cm Sperrholz (0,4 cm stark)
Zwischendecke: 21 × 28,5 cm
Sperrholz (0,4 cm stark)

Kanthölzer (2,0 × 2,0 cm stark): 1,50 m
Kanthölzer (1,5 × 0,5 cm stark): 2,00 m
Leisten (1,5 × 0,3 cm stark): 2,00 m
Leisten (1,0 × 0,3 cm stark): 5,00 m
Leisten (2,0 × 0,3 cm stark): 4,00 m
Leistchen (1,0 – 2,0 × 0,3 cm stark): 7,00 m
Styropor oder Styrodur
Holz-Mundspatel
Leim
Krippenmörtel
Erdfarben
Beize

Figurengröße: 15 – 18 cm

65 Grundplatte mit Grundriß und Maßen der fränkischen Krippe.

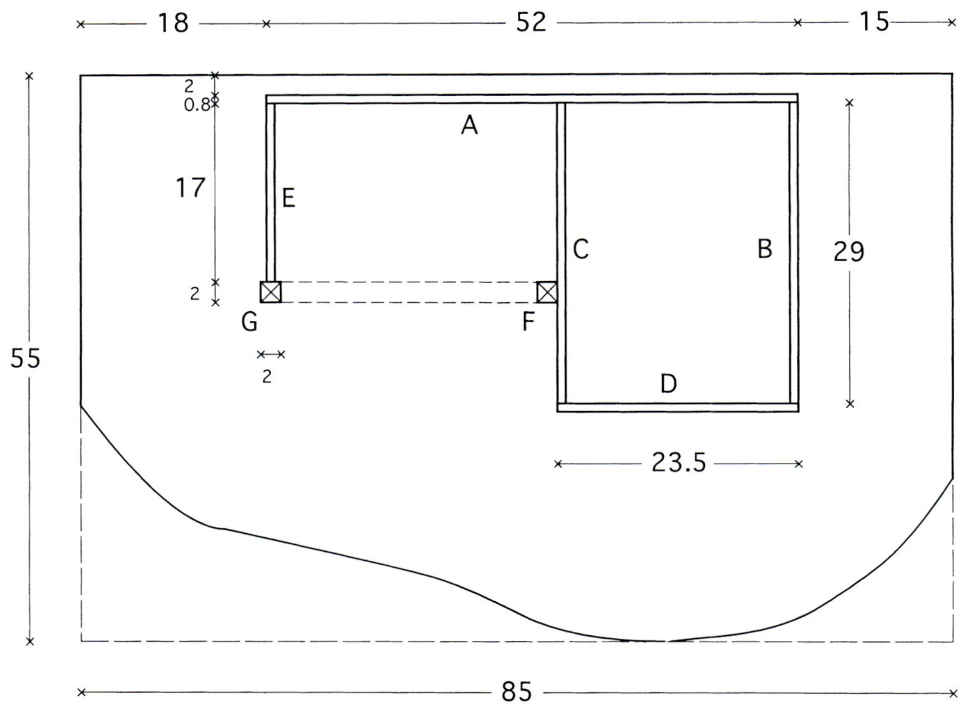

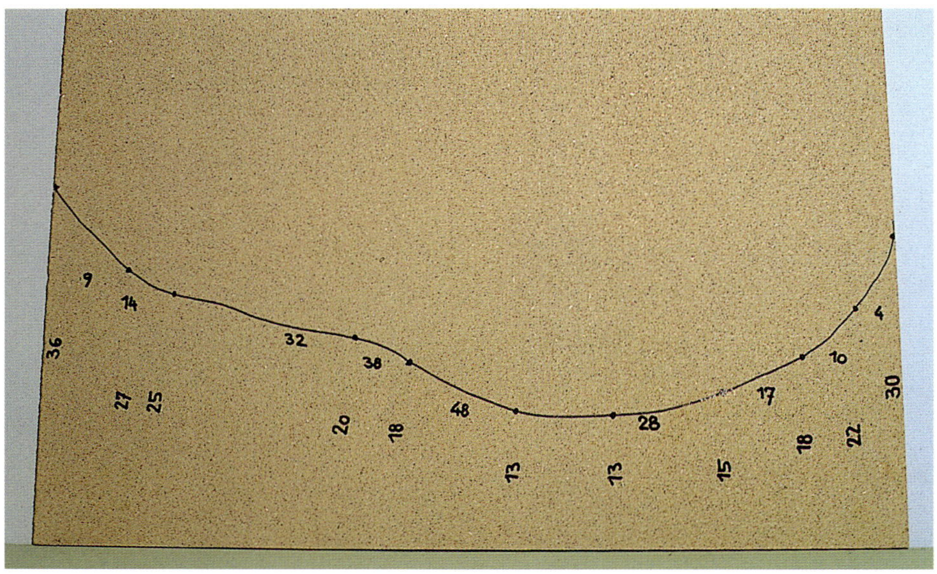

66 Die Vorderseite der Grundplatte wird bogenförmig abgerundet.

67 Rückwand der Krippe (A) mit zeichnerischer Darstellung der Balkenlagen und der Fachwerkeinteilung.

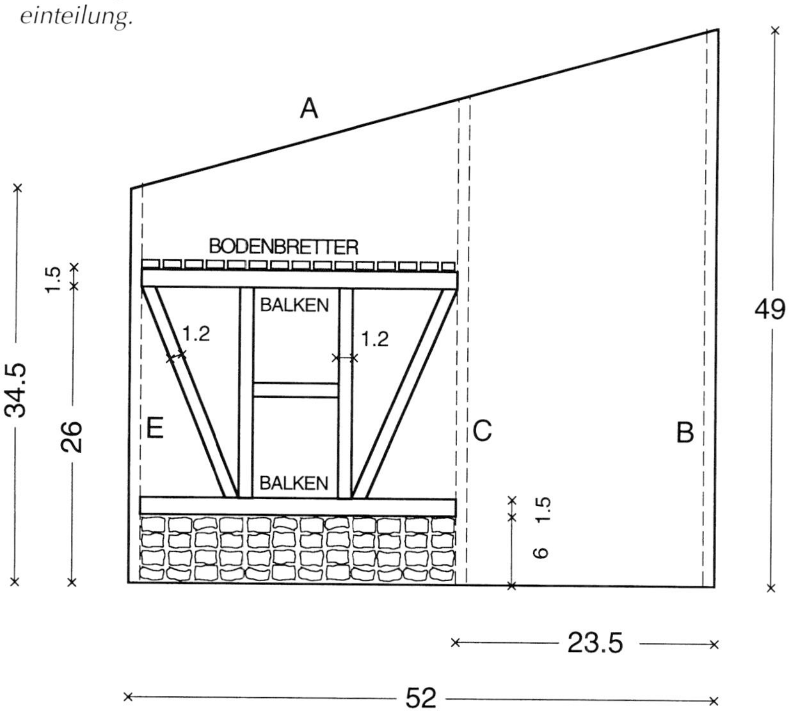

SCHRITT FÜR SCHRITT

Die Teile A, B, C, D und E zurechtschneiden. Anschließend noch bei diesen Teilen Türen und Fensteröffnungen nach Maßangaben aussägen. Vor dem Zusammensetzen Verstärkungen (Leisten) der Fenster und Türen rückseitig ankleben. Die Teile C, B, und E an Rückwand A anleimen und annageln. Teil D an B und C anbringen. Die Balken (Kanthölzer 2,0 × 2,0 cm) F und G auf E und an C einschließlich des Quer- und Schrägbalkens einpassen und anleimen.

68 Rechte Außenseite (B) des Hauses mit Fachwerkeinteilung.

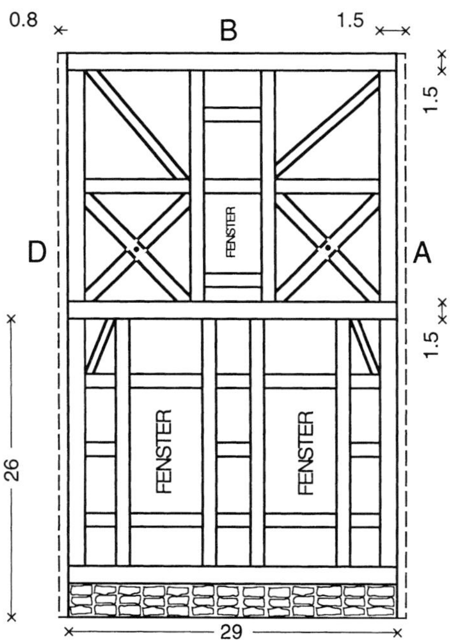

69 Linke Innenseite (B) mit Fensterausschnitten.

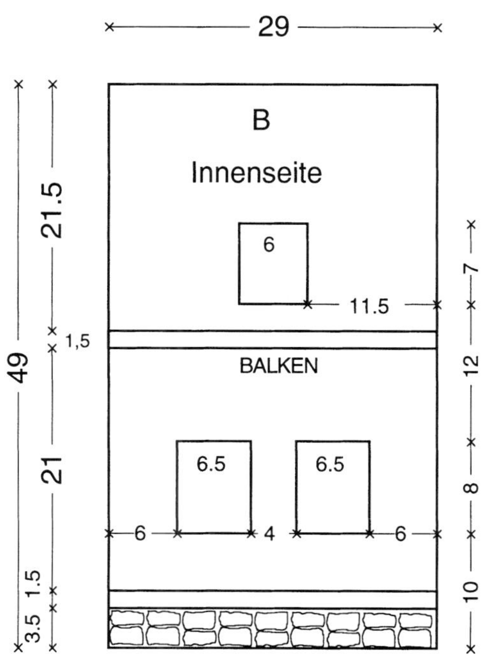

70 Trennwand (C) zwischen Haus und Scheune, hier die Ansicht von der rechten Innenseite der Scheune.

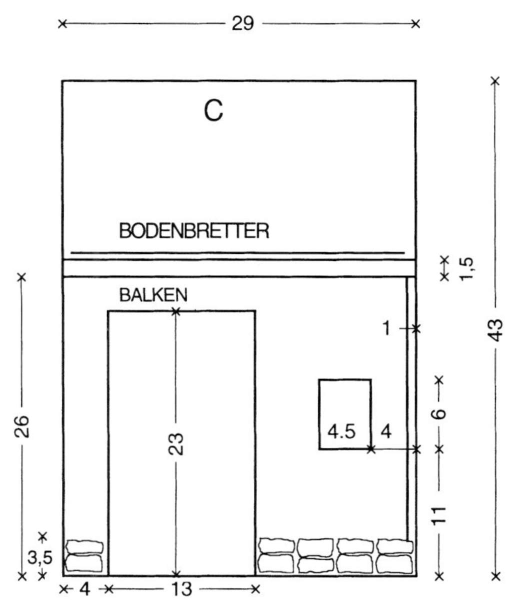

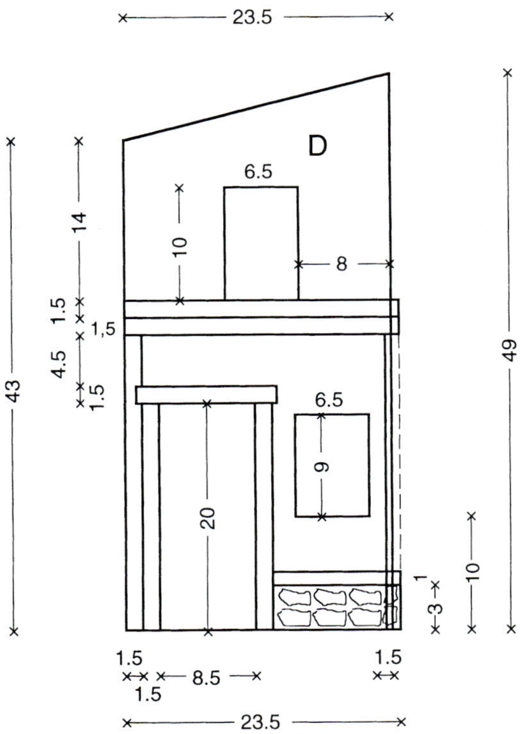

71 Vorderwand (D) des Hauses mit Tür- und Fensteröffnungen.

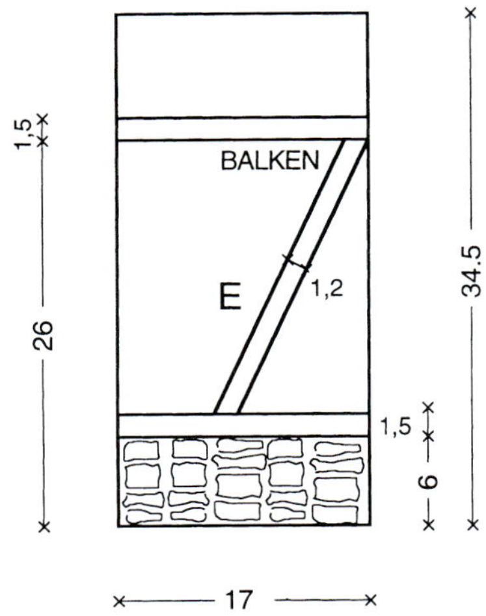

72 Innenseite der linken Scheunenwand (E) und Darstellung der Bruchsteinmauer, Balken- und Fachwerklage.

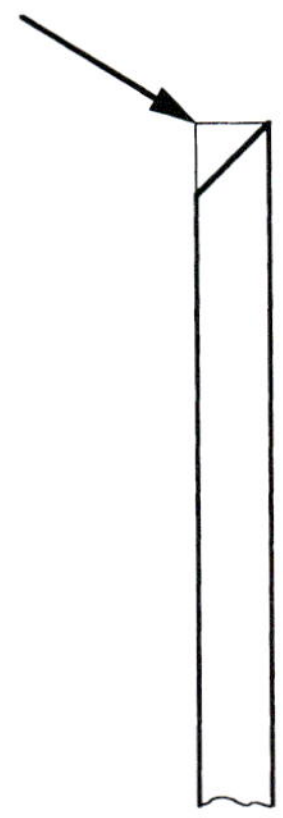

73 Die Wände B, C und E müssen an der Oberkante abgeschrägt und an die Rückwand angepaßt werden.

75 Auf Außenseite Teil B wird das Fachwerk und ein Streifen Styrodur für das Mauerwerk aufgeleimt.

76 An der Innenseite von Teil B werden zur Verstärkung des Mauerwerks die Fenster mit ca. 1–2 cm breiten Streifen aus Spanplatte versehen.

74 Rückwand A ausschneiden und Lage der Balken und des Fachwerks festlegen.

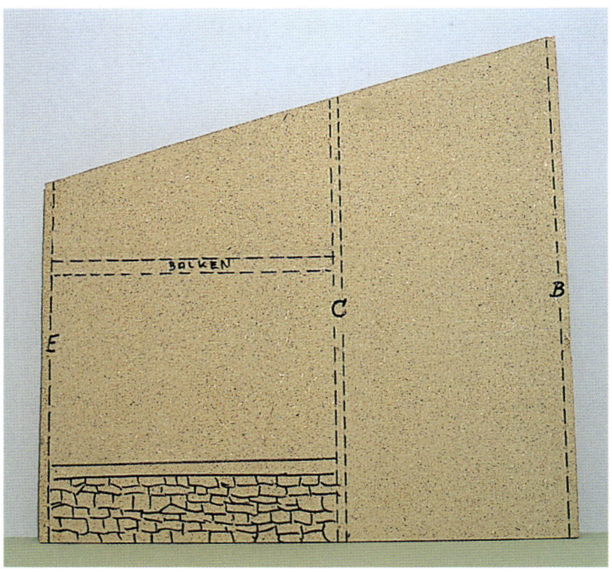

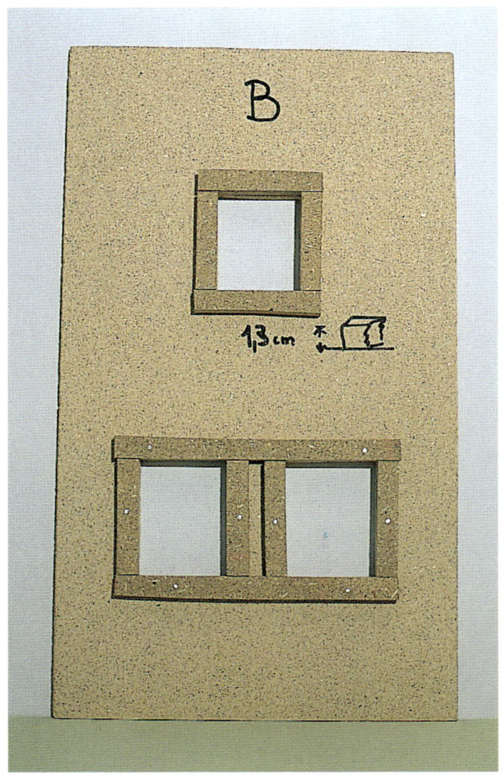

77 Teil C, Innenseite der Scheune.

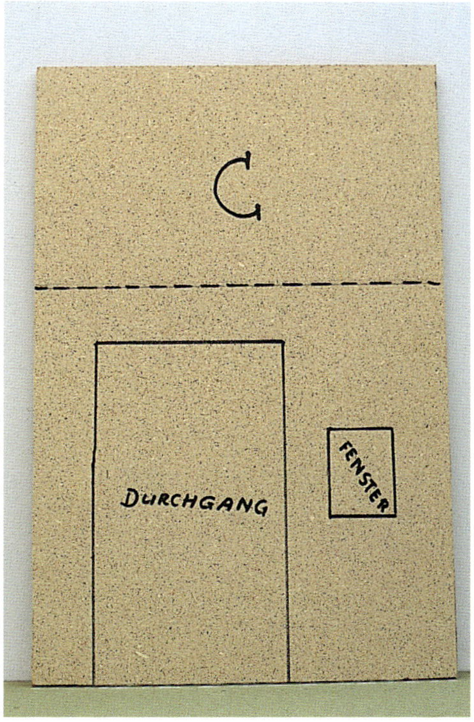

78 Die Fenster- und Türöffnungen auf der Innenseite zum Haus mit ca. 2,0 cm breiten Spanplattenstreifen (1 cm Stärke) verkleiden.

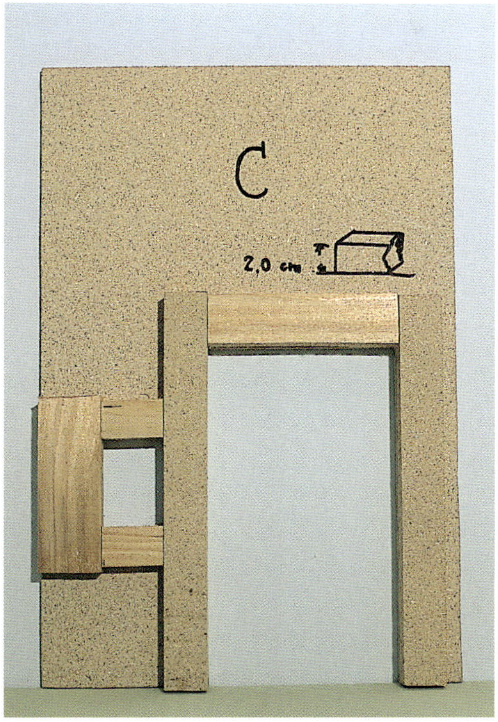

Nun auf A und E sowie B das Fachwerk nach den Zeichnungen 67, 68 und 72 mit 1,5 cm bzw. 1,2 cm breiten Leistchen aufleimen. Achtung: Bei der Gestaltung des Fachwerks sind die Eckleisten so anzubringen, daß die Vorderseite die Seitenleisten überlappt. Und auch dies sollte beachtet werden: Fenster und Türen werden mit entsprechend breiten Leistchen (0,3 cm stark) verkleidet.
Aus Styropor, besser aus Styrodur, werden jetzt Streifen (6,0 bzw. 3,5 cm breit und ca. 0,4 cm stark) für das Mauerwerk angefertigt. Die Mauerfugen werden mit einem scharfen Messer oder mit dem Brennstab eingeschnitten, dann die Kanten unregelmäßig gebrochen. Anschließend werden die Streifen auf die vorgesehenen Flächen aufgeleimt. Auf Teil D und teilweise auf Teil C wird die Bretterverschalung mittels verschiedener Leistchen (1,0–2,0 cm breit und ca. 0,3 Stärke) angebracht.

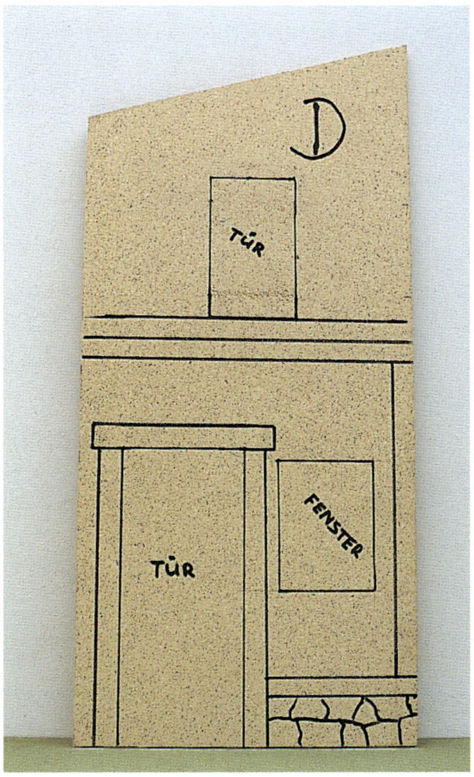

Jetzt folgt die Dachboden-Verbindung von E zu C: Zunächst den Zwischenbalken (1,5 × 1,5 cm) für den Dachboden anbringen. Den senkrechten Abschlußbalken (1,3 × 1,3 cm) zwischen Quer- und Schrägbalken aufsetzen. Anschließend die Verlattung zwischen Quer-, Schräg- und Abschlußbalken vornehmen. Bitte beachten: Vor dem Anbringen der Latten (Leistchen 0,4–0,6 cm) auf der Unterseite des Schrägbalkens und der Oberseite des unteren Querbalkens jeweils zurückgesetzt eine Leiste von 0,5 × 0,5 cm Stärke aufleimen und dann die einzelnen Latten ankleben.
Als Gebälk des Scheunendachbodens werden unterschiedlichste Brettchen (1,5 – 2,0 cm Breite) aufgeleimt.

79, 80 Tür- und Fensteröffnungen der Vorderwand ausschneiden und auf der Rückseite die Öffnungen mit 1 cm starken Spanplattenstreifen verstärken.

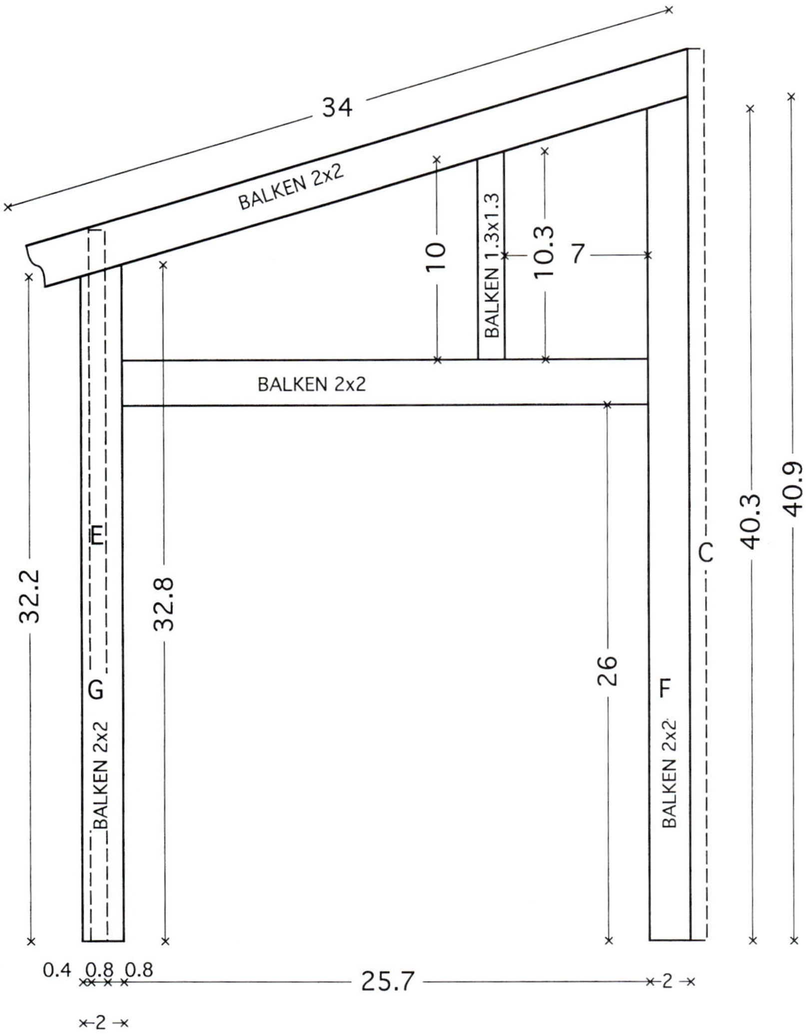

81 Balkenkonstruktion der Scheunenvorderseite zwischen Teil E und C.

82 Innenseite von Teil E.

83 Die beiden senkrechten Balken F und G an die Teile C und E anleimen und mit Querbalken verbinden.

84 Auf das vorbereitete Gebälk des Scheunendachbodens werden unterschiedliche Brettchen in einer Breite von 1,5 - 2,0 cm (ca. 0,4 cm Stärke) aufgeleimt, die vorher an den Kanten gebrochen werden. ▷

85 Vor der Verlattung der linken Dachbodenseite werden auf der Unterseite des Schrägbalkens und der Oberseite des Querbalkens jeweils zurückgesetzt ein Leistchen aufgeleimt und darauf die einzelnen Latten aufgeklebt. ▷▷

Für das Haus wird zwischen den Wänden A, B, C und D eine Zwischendecke (Sperrholzplatte: ca. 21 × 28,5 cm, 0,4 cm stark) eingefügt. Für die Beleuchtung könnte in der Ecke zu B und D eine Aussparung von ca. 5 cm berücksichtigt werden. Die Lichtquelle sollte in der Ecke D/B auf D in einer Höhe von 35 cm angebracht werden.

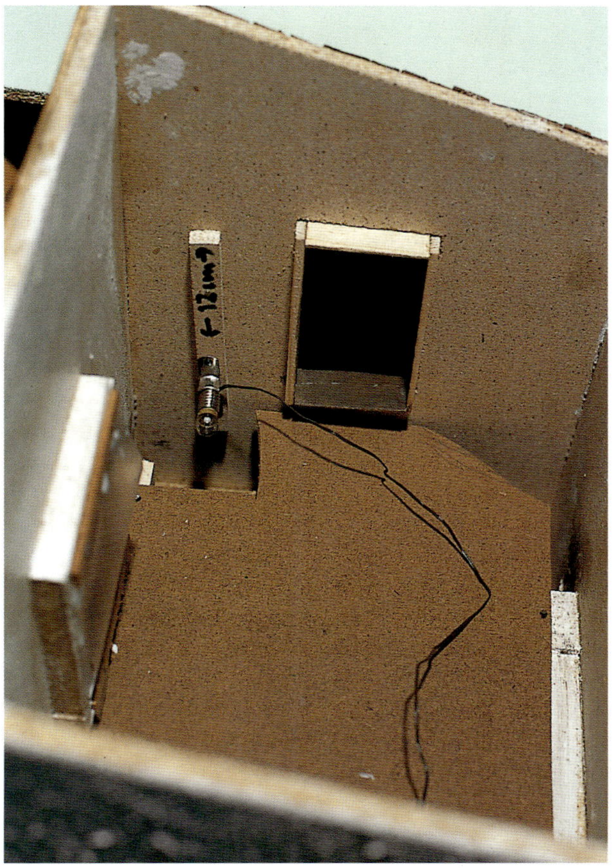

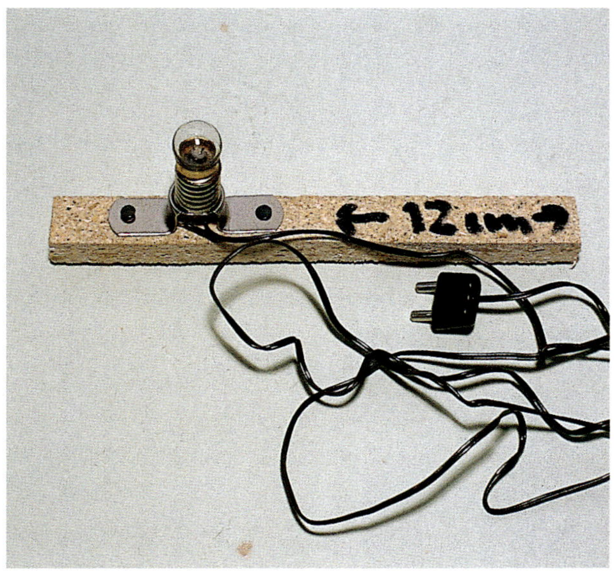

86, 87 Für die Beleuchtung wird in der Zwischendecke eine Aussparung berücksichtigt. ▷

Dach: Für das Dach eine Sperrholzplatte (0,4 cm stark) ausschneiden und an der Unterkante des Daches jeweils Leistchen in einer Länge von 24 bzw. 11 cm (0,3 × 0,5 cm) anbringen.

Die Ziegel (ca. 3,7 × 1,5 cm) für das Dach können aus Holzspateln (aus der Apotheke) oder Balsaholz hergestellt werden. Bitte beachten: Bevor die vorgefertigten Ziegel auf dem Dach aufgeleimt werden, sind, wie schon erwähnt, auf der Vorderseite die beiden Leisten anzubringen. Hilfreich ist es, Linien auf das Dach zu zeichnen: die erste Linie im Abstand von 3,0 cm, alle weiteren Linien mit 2,0 cm Abstand. Wichtig dabei: Die Ziegel immer versetzt auftragen.

Vor Auftrag der Ziegel kann – wenn gewünscht – ein Kamin aus Styrodur (4,0 cm Breite, 7,0/6,7 cm Höhe) gefertigt und auf das Dach im hinteren Teil des Hauses (Ecke A/C) angebracht werden.

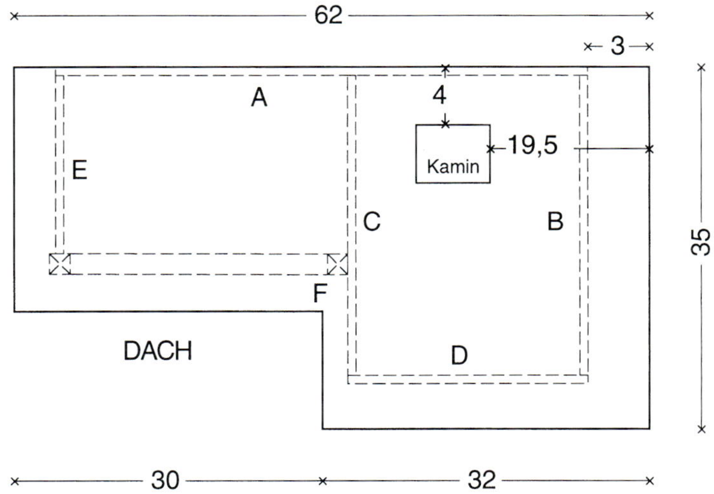

△ *88 Das gemeinsame Dach für Haus und Scheune mit eingezeichnetem Kamin.*

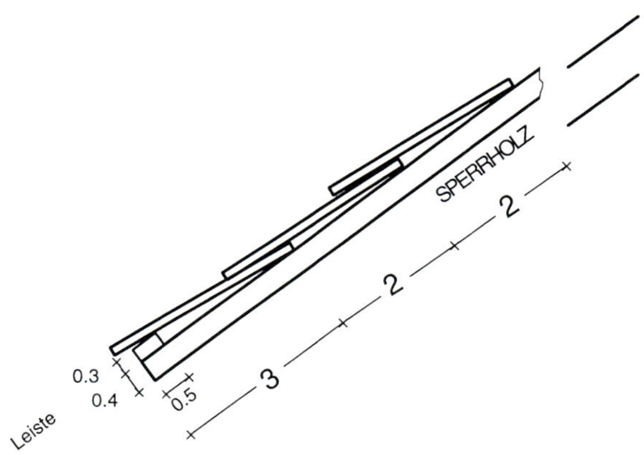

90 Bevor die vorgefertigten Ziegel auf dem Dach aufgeleimt werden, sind zuerst am unteren Dachrand die Leistchen anzubringen.

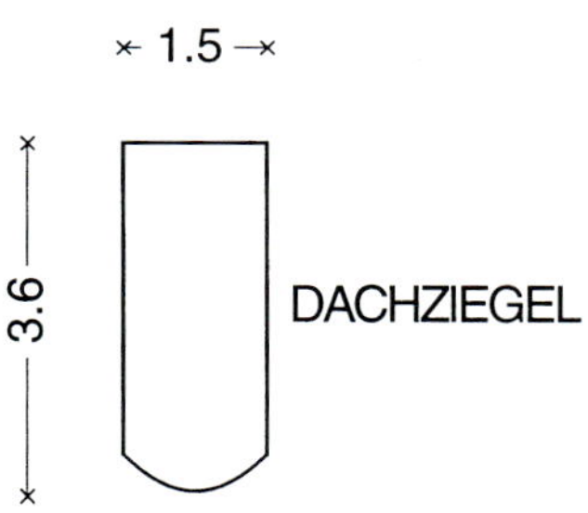

89 Dachziegel werden aus Holzspateln oder Balsaholz hergestellt.

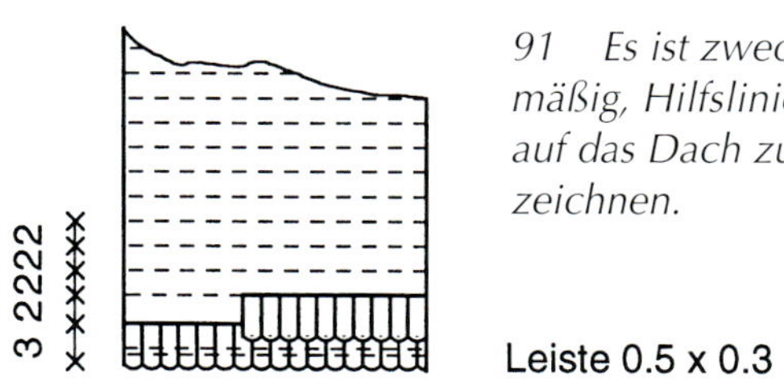

91 Es ist zweckmäßig, Hilfslinien auf das Dach zu zeichnen.

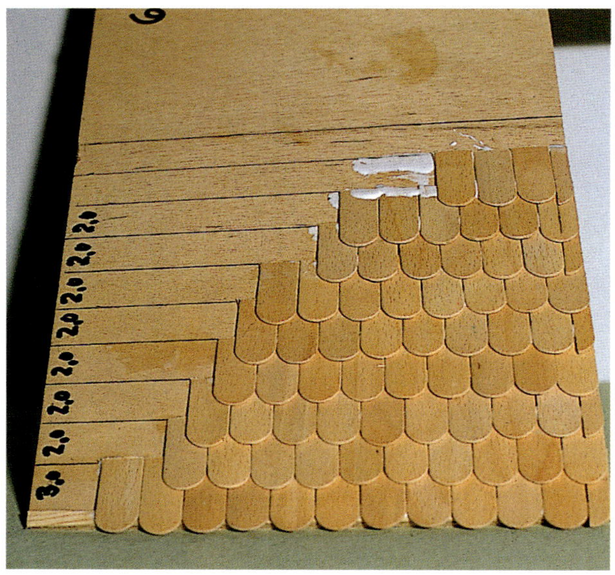

92 Die Ziegelreihen werden versetzt aufgeleimt.

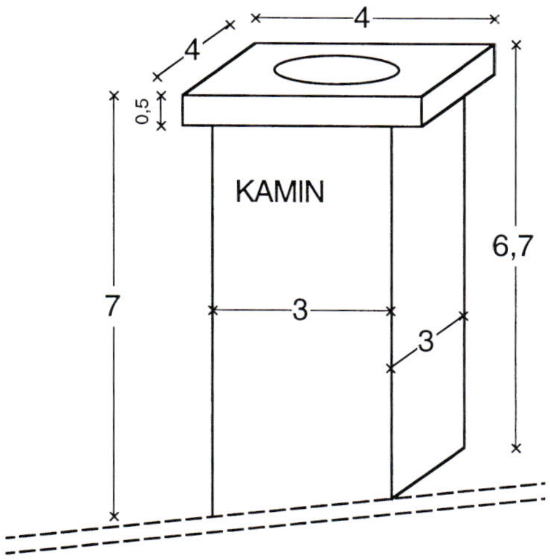

93 *Die Maße für den Kamin, der aus Styrodur gefertigt wird.*

94 *Der Kamin wird vor Auftrag der Ziegel auf dem Dach aufgebracht.*

95 *Den Kamin und Übergang zum Dach verputzen.*

96 *An der oberen Hälfte der Vorderfront des Hauses wird eine Bretterverschalung angebracht und die vorgefertigten Türen und das Fenster eingesetzt.*

Scheune: Den Innenraum der Scheune mit Fachwerk (Leistchen: 1,5 – 2,0 × 0,3 cm) auskleiden; ebenso den angrenzenden Teil des Hauses. Dabei ist zu beachten, daß bei den Leistchen mit einem scharfen Schnitzmesser die Kanten unregelmäßig gebrochen werden müssen.

Anstriche und Gelände: Nun wird das Haus auf die Grundplatte aufgesetzt und angeleimt. Sie können dann je nach Geschmack oder wie auf der Bildvorlage links oder rechts eine kleine Geländeerhebung mittels Styrodur oder ähnlichem Material anbringen.

Bei der Haustüre muß noch die Stufe (Türschwelle) angebracht (12,0 cm Breite, 6,0 cm Tiefe, 1,0 cm Stärke) und auf die Grundplatte geleimt werden. Alle sichtbaren Holzteile (Fachwerk, Balken, Bodenbretter, Lattung und Bretterverschlag) mit grauer Beize behandeln.

Die Putzflächen des Gebäudes und das Gelände mit Krippenmörtel überziehen. Geübte Heimwerker können den Weg zur Haustüre gepflastert darstellen. Dazu wird der Putz ca. 0,5 cm stärker aufgetragen. Nach leichtem Antrocknen des Putzes wird dann mit einem schmalen Holzspachtel oder Schraubenzieher die Steinstruktur eingedrückt.

Nach Austrocknen des Putzes alles mit weißer Dispersionsfarbe überstreichen. Wenn auch die Farbe getrocknet ist, werden Hauswände und Grundplatte mit Erdfarben übermalt.
Nach Fertigung einer Haus- und Heubodentür sowie dem Einsetzen der Fensterkreuze mit Hinterlegung einer durchsichtigen Folie können noch Strauchwerk oder Zäune auf dem Gelände zur Vervollständigung des weihnachtlichen Eindruckes angebracht werden.

97 Das fertige Krippenhaus wird auf der Bodenplatte fixiert, und Brettchen werden für den Scheunenboden aufgeleimt. Bei der Haustür wird noch eine Stufe angebracht.

▽◁ 98 Der Weg zur Haustür kann gepflastert dargestellt werden.

99 Die erhöhte Fläche der Pflasterung wird links und rechts an das Gelände angeglichen.

BAUERNHOF-KRIPPE

100 Aufwendig, aber auch besonders wirkungsvoll: Das Wunder der »Heiligen Nacht« in einem Bauernhof.

Heilige Nacht in einem fränkischen Bauernhof. Da ist das mit Fachwerk versehene Haus, an das sich die Scheune anlehnt. Dazu kommen noch kleinere Wirtschaftsgebäude wie der in Franken übliche Schupfen, ein vielfach verwendbares Gebäude (u. a. als Holzlege), und ein Kleintierstall. Zugegeben, diese Krippe mit den Nebengebäuden erfordert Ausdauer, bis alles steht. Der Aufwand lohnt sich jedoch. Zum Kind in der Krippe kommen die Hirten mit ihren Schafen, bringen Kinder ihre einfachen Gaben: das Wunder von Weihnacht, mit viel Ehrfurcht umgesetzt in die fränkische Heimat.

MATERIAL UND MASSANGABEN

Grundplatte: 120 × 85 cm

Scheune und Haus, Unterbau für D – F (Haus):
A 1: 20 × 45 cm
A 2: 20 × 45 cm
B: 32 × 45 cm
C: 32 × 30 cm
D 1: 30 × 35 cm
D 2: 30 × 35 cm
E: 25 × 57,5 cm
F: 25 × 49,5 cm
(Grundplatte und Teile A1 bis F wie auch G bis K und L bis N aus jeweils 1,0 cm starker Spanplatte)
Sperrholz: 26 × 42 cm (0,4 cm stark)
4 Kanthölzer (Dachlattenstärke): ca. 7,6 cm Länge, 4mal
Dach für A – C: Sperrholz 33 × 29 cm (0,4 cm stark)
Dach für D – F: Sperrholz 33,5 × 27 cm, 2mal (0,4 cm stark)
Sperrholz 11 × 11,5 cm (0,4 cm stark)

Kanthölzer	(1,0 × 1,0 cm):	160 cm
Leisten	(1,2 – 1,5 cm × 0,3 cm):	160 cm
Leisten	(1,2 × 0,3 cm):	2,0 m
Leisten	(1,0 × 0,3 cm):	2,2m
Leisten	(1,5 – 2,0 cm × 0,3 cm):	3,5 m
Leisten	(1,5 × 0,3 cm):	30 cm
Leisten	(1,2 × 0,3 cm):	70 cm
Leisten	(1,0 × 0,3 cm):	4,0 m
Ziegel	(1,5 × 3,7 cm):	ca. 330 Stück
Ziegel	(1,5 × 3,7 cm):	ca. 550 Stück
Styrodur		

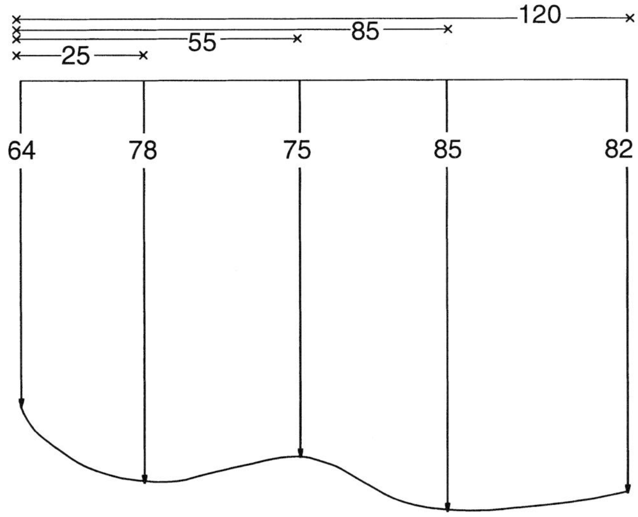

101 Grundplatte (Bodenplatte).

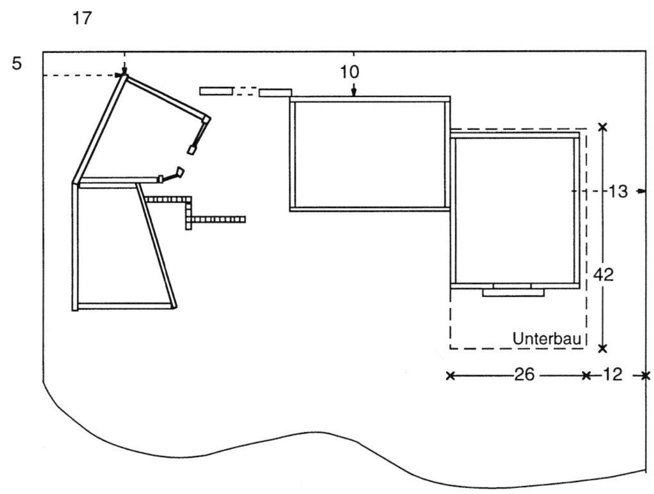

102 Grundplatte mit Grundriß und Standort der einzelnen Gebäude.

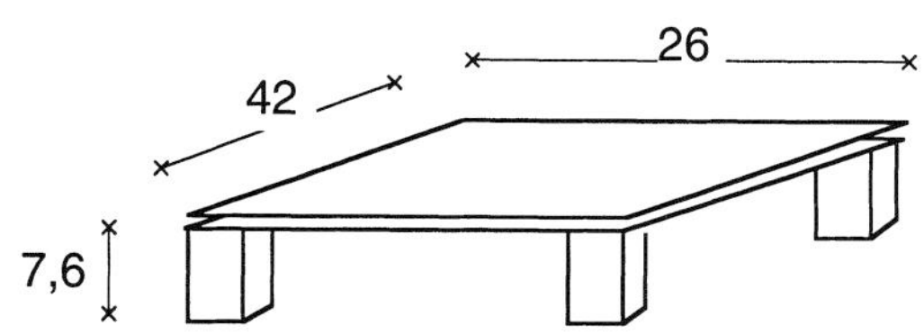

103 Unterbau für das Wohnhaus (D1, D2, E und F).

104 Grundriß für Wohnhaus und Scheune.

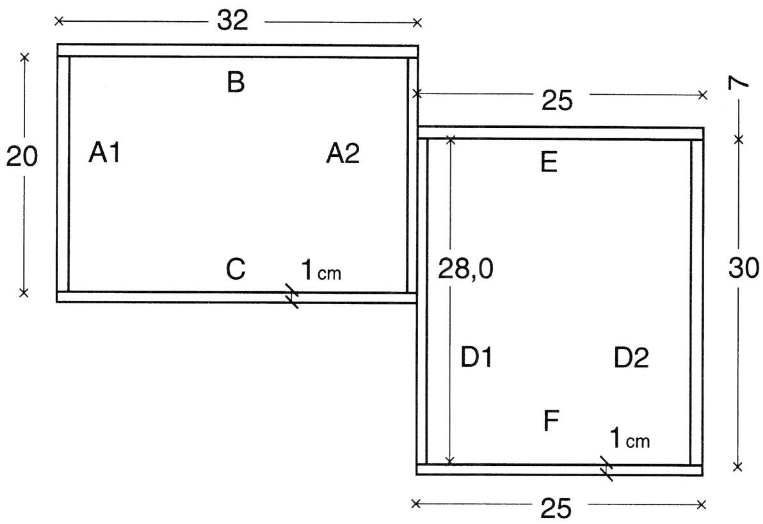

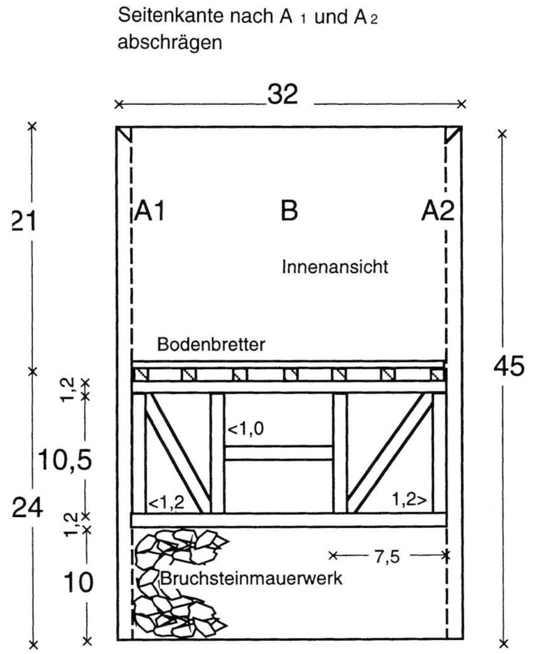

106 Innenseite der Scheunenrückwand (Teil B).

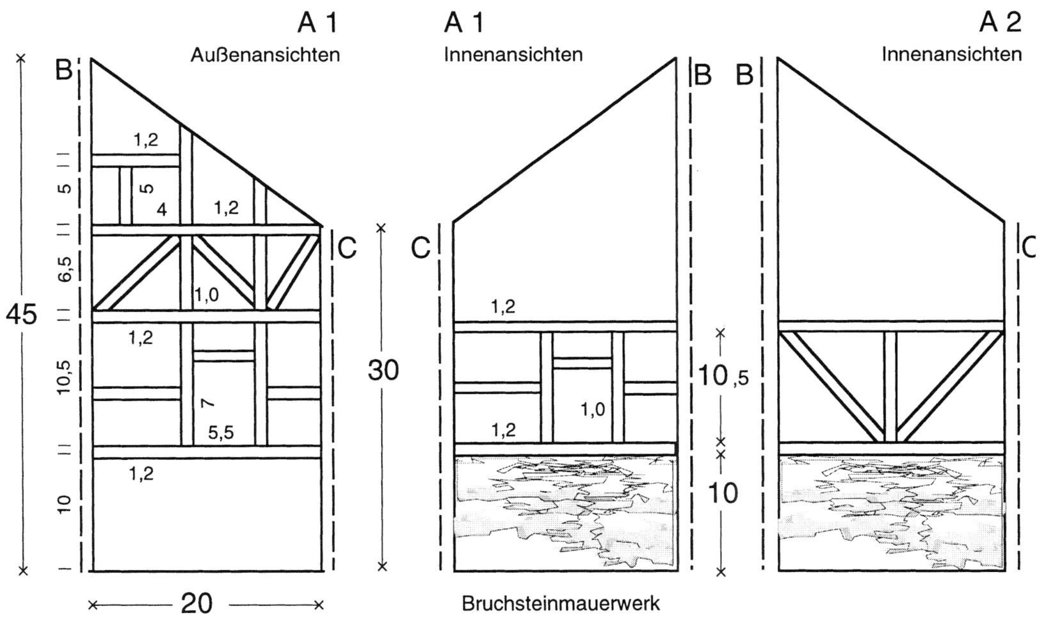

105 Außen- und Innenansicht von Teil A1 und Innenansicht von Teil A2 mit zeichnerischer Darstellung der Fenster und des Fachwerks.

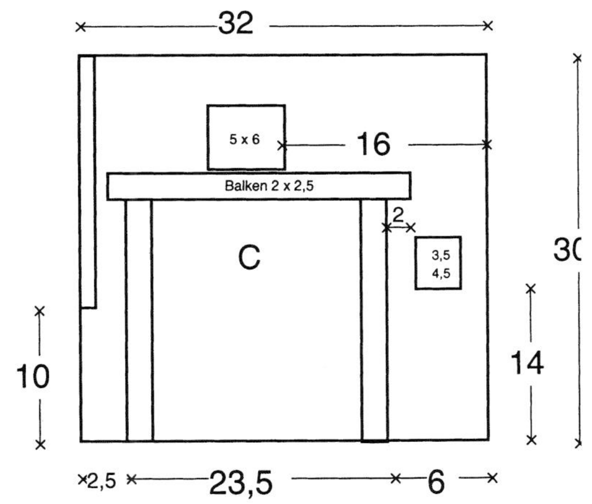

107 Vorderseite der Scheune (Teil C).

SCHRITT FÜR SCHRITT

Scheune: Teile A 1, A 2, B und C auf Spanplatte einschließlich der Öffnungen und des Fachwerks auf Innen- und Außenseite aufzeichnen und nach Maß zuschneiden. Teile zusammenfügen, leimen und nageln.

Um die Maueröffnungen zu verstärken, werden an den Innenseiten Leistchen (1,5 × 0,2 cm) aufgeleimt. Dann das Fachwerk mit Leisten (1,0 bzw. 1,2 × 0,3 cm) aufkleben. In der Scheunenöffnung von C werden die beiden Stütz- und der Querbalken angebracht. Zuvor Leistchen (2,0 × 0,3 cm) auf der Innenseite der Öffnung anleimen. Bei den Leisten die Kanten brechen.

Der untere Teil der Innenseite von A 1, A 2 und B wird mit einem Styrodurband (0,5 cm stark) verkleidet und anschließend das Bruchsteinmauerwerk eingeschnitzt oder eingebrannt.

Auf den Innenseiten werden in Höhe der oberen Fachwerkleiste sieben Bälkchen (1,0 × 1,0 cm) in Länge von 20 cm von B nach C angebracht und die Dachbodenbretter (ca. 20 cm lang) in unterschiedlichen Breiten (1,2 bis 2,0 cm) aufgeleimt. Auch hier zuvor die Kanten brechen.

Die vordere obere Seite von C mit unregelmäßig breiten Brettchen (1,2 bis 1,5 und 0,2 bis 0,3 cm stark) verkleiden. Nicht vergessen: Kanten brechen. Zum Verschließen der Heubodenluke (C) kann eine Schiebe- oder Flügeltür angebracht werden; ebenso bei der oberen Öffnung in A 1. Für die beiden Fensteröffnungen in A 1 und C werden Fensterkreuze bzw. Gitterstäbe gefertigt und eingesetzt.

Zum Schluß alle Mauerteile verputzen und mit weißer Dispersionsfarbe anstreichen.

108, 109 Die Teile A1, A2 und B einschließlich Fensteröffnungen ausschneiden und das Fachwerk auf Innen- und Außenseite aufzeichnen.

110 Für das Bruchsteinmauerwerk wird der untere Teil der Innenseite von A1, A2 und B mit einem Styrodurband verkleidet.

111 In das Styrodurband wird die Struktur des Bruchsteinmauerwerkes mittels eines Brennstabes eingebrannt oder mit dem Schnitzmesser eingeschnitzt.

112 Das Fachwerk ist aufgeleimt, die Fenster eingesetzt und die Tür für die Dachluke angebracht. ▷

113 Um eine bessere Auflage der zweiten Ziegelreihe zu erreichen, wird auf der unteren Vorderseite des Daches eine Leiste aufgeleimt.

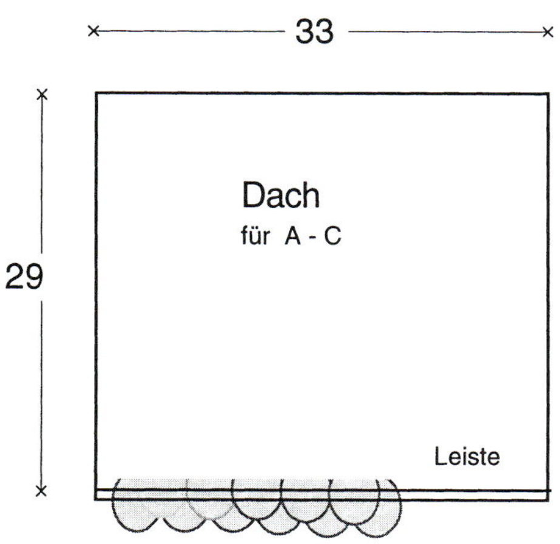

114 Für den Scheunendachboden werden in Höhe der oberen Fachwerkleisten Bälkchen von B nach C angebracht und unterschiedlich breite Dachbodenbretter aufgeleimt.

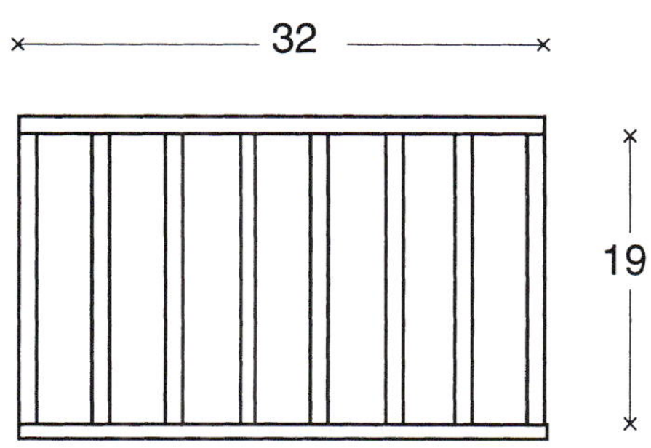

Die Dachfläche (29 × 33 cm) wird aus Sperrholz (0,4 cm stark) erstellt. Auf der unteren Vorderseite eine Leiste (0,3 × 0,2 cm) aufleimen. Für das Anbringen der Ziegelreihen werden Hilfslinien gezogen, für die erste Reihe bei 3,0 cm, alle weiteren Linien mit 2,0 cm Abstand. Die erste Ziegelreihe steht ca. 0,5 cm über. Die nachfolgenden Reihen überdecken die vorhergehenden Reihen ca. 1,7 cm. Wichtig: Ziegelreihen immer versetzt zur vorhergehenden Reihe auftragen. Nach Abschluß des Ziegelauftrags das Dach für einige Stunden zwischen zwei Bretter pressen, bis der Leim trocken ist. Dann die Dachfläche auf das Scheunenteil aufsetzen.

Haus: Die Bauteile D 1, D 2, E und F aufzeichnen und einschließlich der Fenster- und Türöffnungen zurechtschneiden. Zur Lagerung eines Trafos für die Beleuchtung kann in der Rückwand E eine Öffnung (12 × 12 cm) angebracht werden, die später mit einem Abdeckbrettchen verschlossen werden kann. Das Fachwerk wird wieder mittels aufgeleimter Leisten (1,0 bzw. 1,5 × 0,3 cm) imitiert. Die Maueröffnungen für Tür und Fenster mit Leistchen (1,5 × 0,3 cm) verkleiden und in die Fenster die Fensterkreuze einsetzen und mit Klarsichtfolie hinterlegen. Bleibt noch, die Haustüre anzufertigen.

Für den Unterbau des Hauses die Sperrholz- oder Spanplatte (42 × 26 cm) auf vier Klötzen befestigen, so daß eine Gesamthöhe von ca. 8,0 cm entsteht. Das Haus auf dem Unterbau aufsetzen (nach Zeichnung) und eine Haustürstufe fertigen. Auf der Unterbauplatte befestigen. Haustüre einsetzen.

Auf Höhe von 22 cm werden auf den Innenseiten des Hauses Leistchen (1,0 × 1,0 cm) angeleimt und darauf ein Bodenbrett (23 × 28 cm) aus Sperrholz aufgelegt. Für eine Lichtquelle im Untergeschoß wird in der Mitte des Bodenbretts zuvor eine Öffnung von ca. 10 × 10 cm ausgesägt.

Vor dem Unterbau sowie links und rechts davon wird unter Berücksichtigung einer Treppe das Gelände gestaltet. Dazu werden Reste oder Abfälle von Styrodur, Spanplatten, Preßpappe und ähnliches Material verwendet. Auch Rinde kann genommen werden.

Die drei Dachflächen werden ausgeschnitten und eingepaßt. Jeweils an der Dachunterseite als Ziegelauflage für die erste Reihe ein Leistchen (0,3 × 0,2 cm) aufkleben. Auch hier gilt: Erste Ziegelreihe 3,0 cm, jede weitere Reihe in 2,0 cm Abstand aufleimen. Die nachfolgenden Ziegelreihen überlappen die vorhergehende um 1,7 cm. Beachten: Ziegelreihen versetzt auftragen. Zuletzt den Schornstein fertigen und auf der linken hinteren Dachfläche aufleimen.

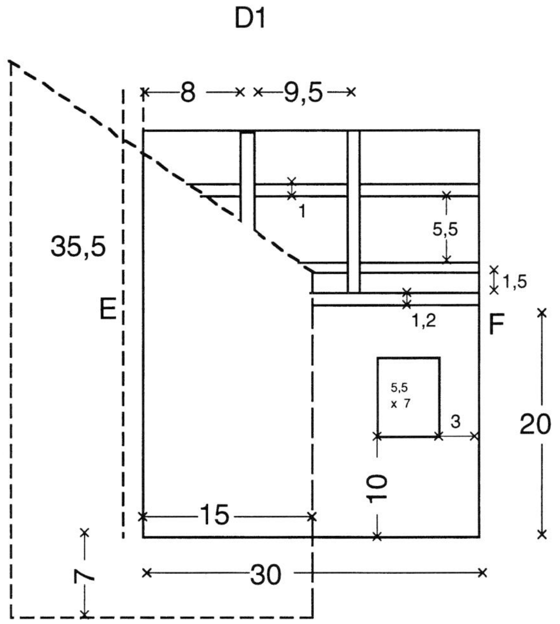

115 Die linke Hauswand (D1) unter Berücksichtigung der Fensteröffnung ausschneiden und das vorgesehene Fachwerk aufzeichnen. Später wird die Scheune mit Seitenteil A2 an die Hauswand (D1) versetzt befestigt.

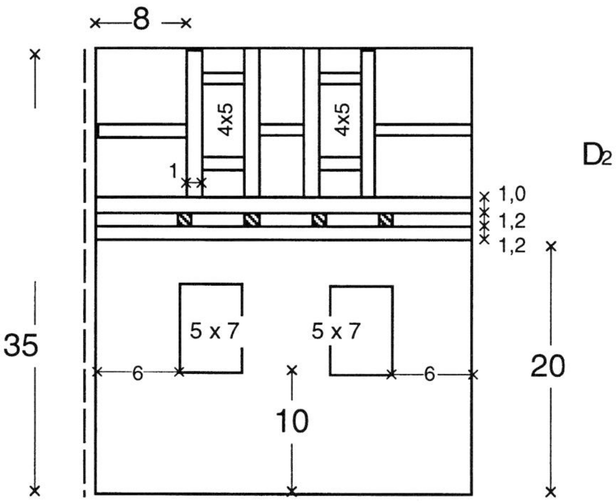

116 Rechte Hauswand (D2). Die Maueröffnungen der Fenster mit Leistchen verkleiden.

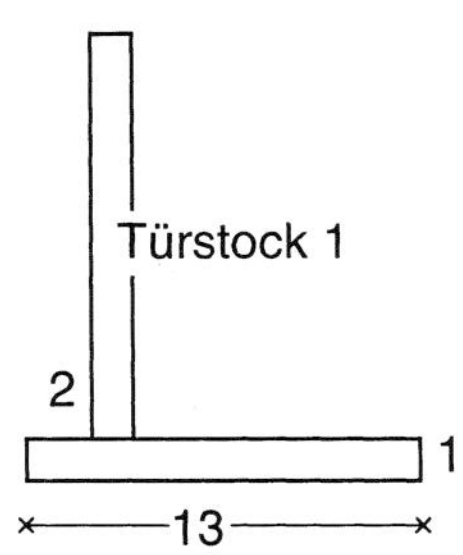

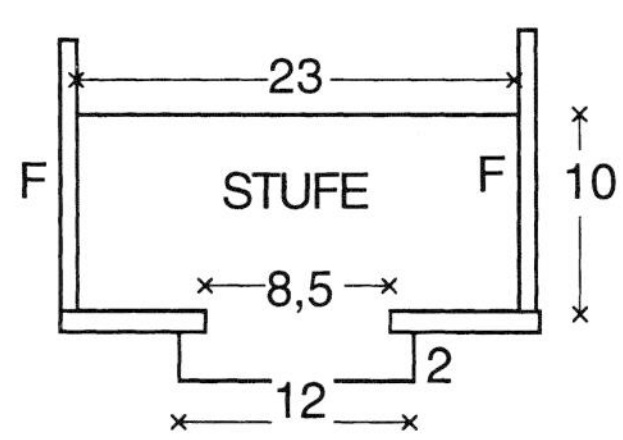

◁◁ 117 Der Türstock für die Haustür (Teil F).

118 Fertiges Haus auf Unterbau setzen und Haustürstufe aufleimen.

119 In der Rückwand (E) kann eine Öffnung für die Lagerung eines Trafos vorgesehen werden. ▷

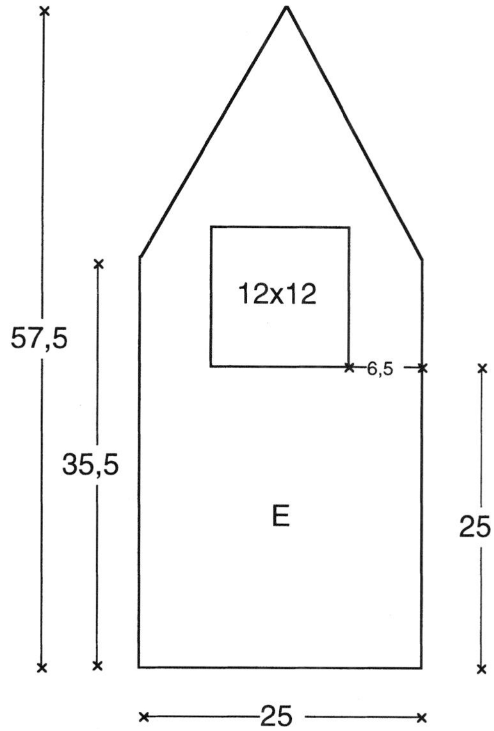

120 Die vordere Giebelwand des Hauses ist aufwendig mit Fachwerk versehen. Vor Aufleimen des Fachwerks sind Tür- und Fensteröffnungen zur Verstärkung des Mauerwerks mit Leistchen (1,5 × 0,3 cm) zu verkleiden. ▷▷

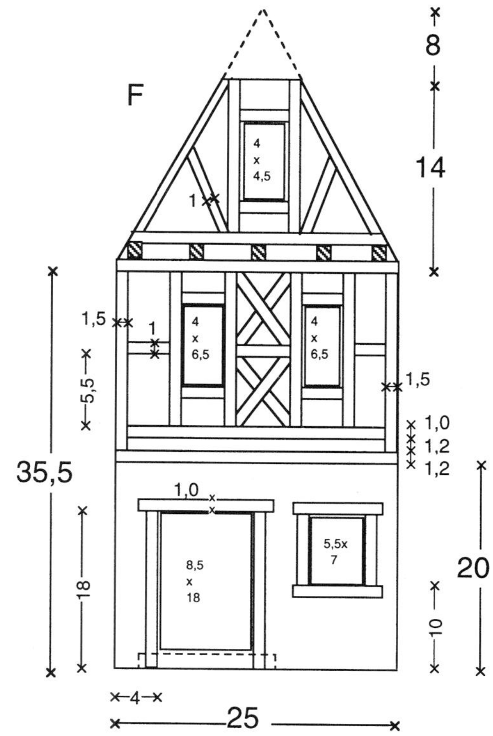

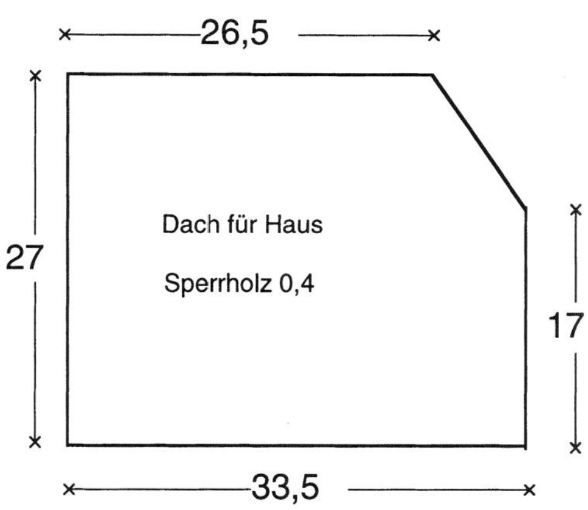

121 Das Hausdach besteht aus zwei gleichen Dachteilen.

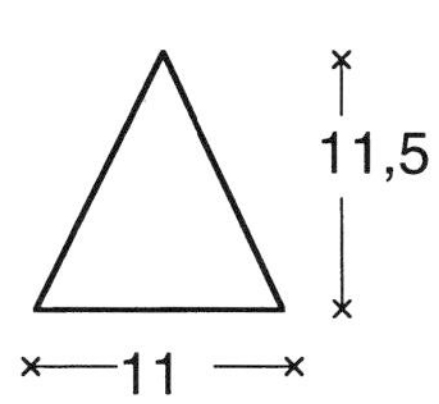

122 Komplettiert wird das Dach durch die Dachspitze.

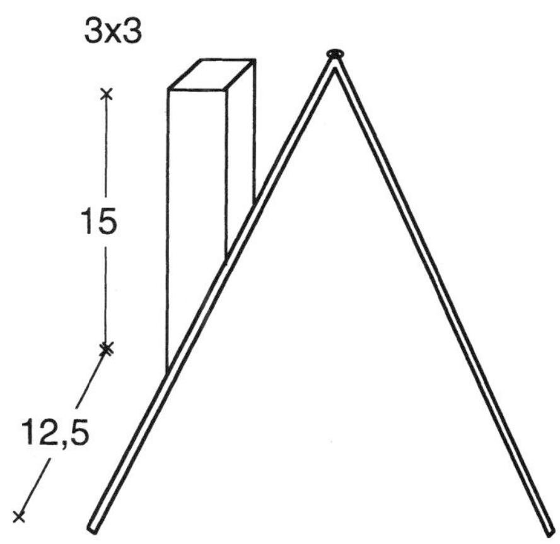

123 Der aus Styrodur gefertigte Schornstein wird auf der linken hinteren Dachfläche aufgeleimt.

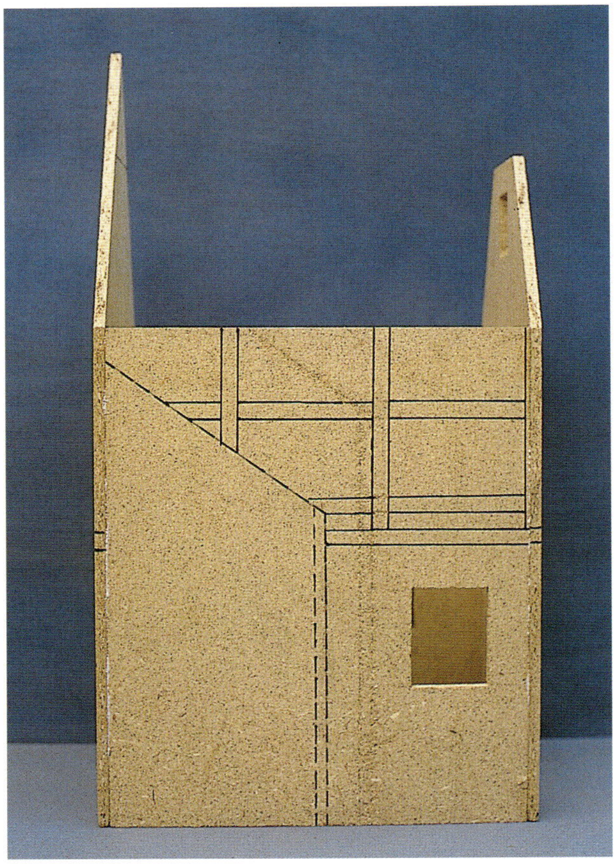

124 Die Teile D1, D2, E und F werden zusammengefügt.

125 Das Haus wird auf dem Unterbau aufgesetzt und die anschließende Scheune nach unten und rückwärts versetzt an Hauswand D1 befestigt (vgl. Zeichnung 115).

◁◁ 126 Hausrückwand (E) mit Öffnung für die Lagerung eines Trafos. Die Öffnung kann später mit einer aufgeschraubten Sperrholzplatte verschlossen werden.

◁ 127 Bevor das Dach aufgesetzt wird, werden Tür- und Fensteröffnungen mit Leistchen verstärkt, anschließend das Fachwerk aufgeleimt, die Fensterkreuze eingesetzt und mit Folie hinterklebt. Hinweis: Bei der Gestaltung des Fachwerks sind die Eckleisten so anzubringen, daß die Vorderseite die Seitenleisten überlappt.

128 Die vordere obere Seite von C wird unter Berücksichtigung einer Öffnung für die Heubodenluke mit unregelmäßig breiten Brettchen verkleidet. Nicht vergessen: Kanten brechen.

129 Fachwerk und Türverkleidung werden beim Verputzen ausgespart.

130 In einem halbrunden Stab werden für den Dachfirst die Ziegel eingeschnitzt.

131 Hier die fertigen Dachfirste.

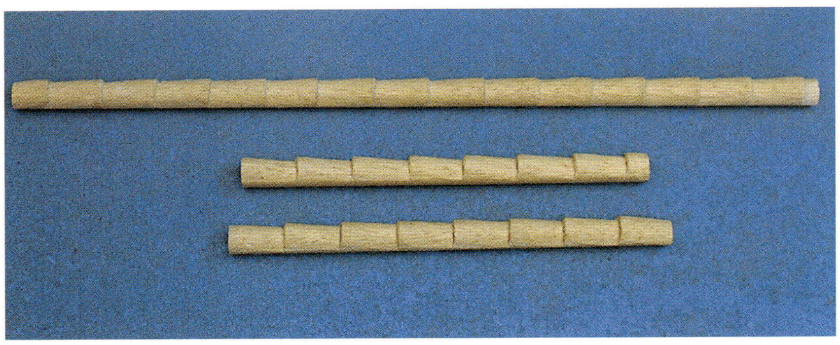

132 Versetztes Aufleimen der Dachziegel. Die fertigen Firststäbe werden jeweils auf dem Zusammenstoß der Dachteile aufgeleimt.

133 Zum Schluß alle Mauerteile verputzen und mit weißer Dispersionsfarbe anstreichen. ▷

134 Der Schornstein paßt sich in die Ziegellagen ein. ▷▷

135 Nachdem alle Gebäude auf der Grundplatte und dem Unterbau aufgesetzt und das Umfeld (Gelände: Mauer, Treppenaufgang und Pflasterung) hergestellt, mit Krippenmörtel überzogen und mit weißer Dispersionsfarbe angestrichen sind, werden nach dem Austrocknen die vorgesehenen Flächen mit Erdfarben übermalt.

Kleintierstall und Holzschupfen:
G: 16 × 35 cm
H: 25 × 24 cm
J: 13 × 35 cm
K: 25,5 × 24 cm
Sperrholz 16,5 × 26,5 cm (0,4 cm stark)
Sperrholz 16 × 25 cm (0,4 cm stark)
Leisten (1,0 × 0,5 cm): 75 cm
Styrodur
L: 15 × 24 cm
M: 25 × 24 cm
N: 17 × 24 cm
Sperrholz 25 × 21,5 cm (0,4 cm stark)
Kanthölzer (1,5 × 1,0 cm): ca. 60 cm
Kanthölzer (0,7 × 1,0 cm): 10 cm
Lättchen (ca. 0,5 × 0,3): ca. 2,0 m
Styrodur
Wellpappe

Mauer:
Sperrholz 20 × 18 cm (0,4 cm stark)
Spanplatte oder Styrodur 20 × 18 cm (2,0 cm stark)
Wellpappe

Gelände:
Abfallteile von Spanplatten, Styrodur, Rinde und ähnliches Material

Leim
Krippenmörtel
Erdfarben
Beize

Figurengröße: 15 cm

136 Kleintierstall und Holzschupfen gehören zu einem Bauernhof.

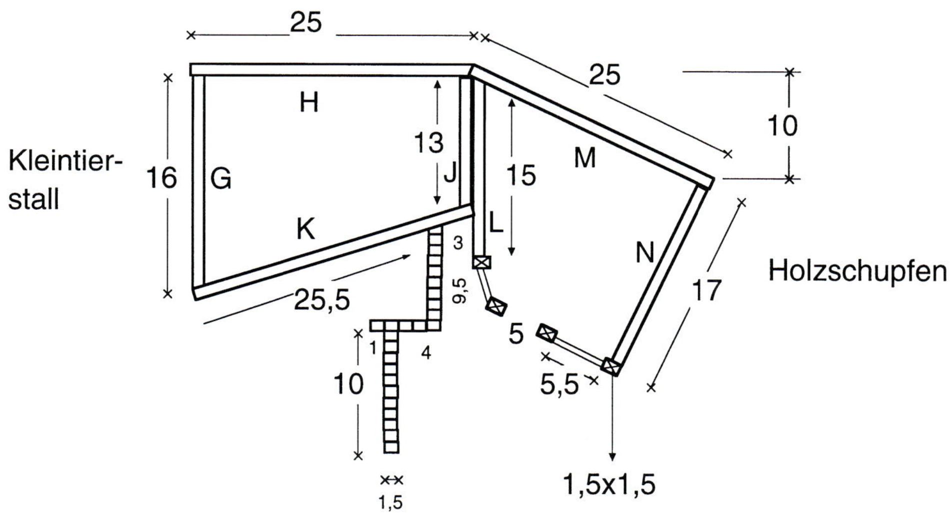

137 Grundriß für Kleintierstall und Holzschupfen.

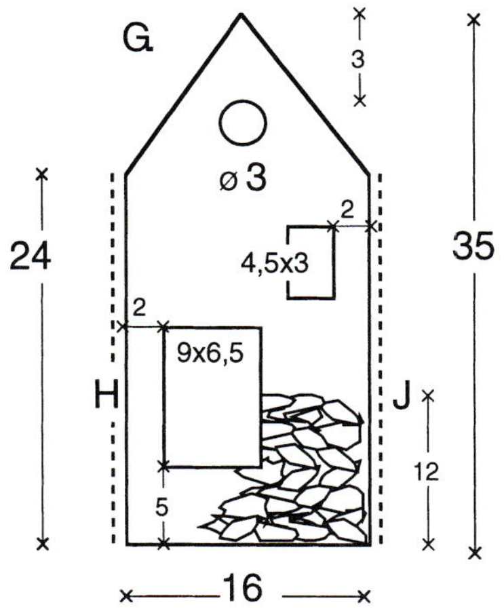

138 Bei der vorderen Giebelwand (G) sind die Öffnungen für Tür, Stallfenster und runde Dachluke zu berücksichtigen.

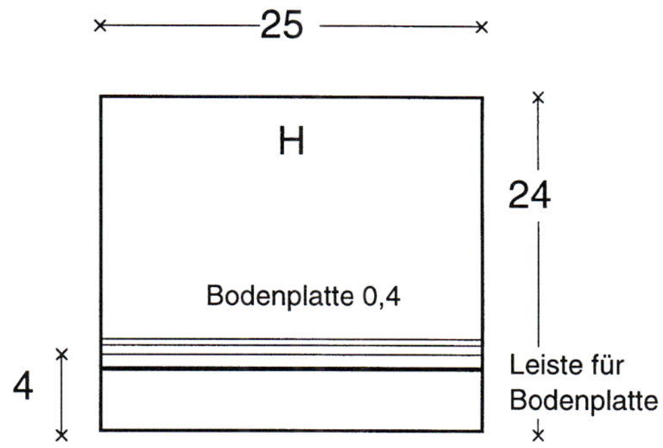

139 Auf der Innenseite von Seitenwand (H) in 4,0 cm Höhe eine Leiste als Auflage für die Bodenplatte aufleimen.

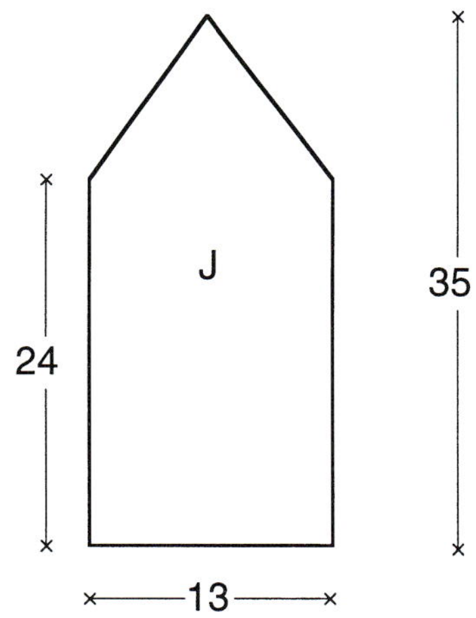

140 Hintere Giebelwand (J).

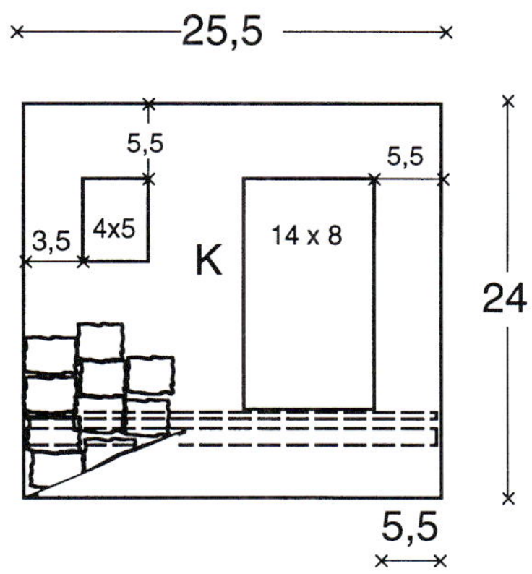

141 Vor Zusammenleimen der Teile G, H, J und K wird auf der Innenseite von K eine Leiste für die Bodenplatte angeleimt.

142 Das Dach für den Kleintierstall besteht aus einer Spanplatte mit aufgeleimten Wellpapierstreifen. ▷

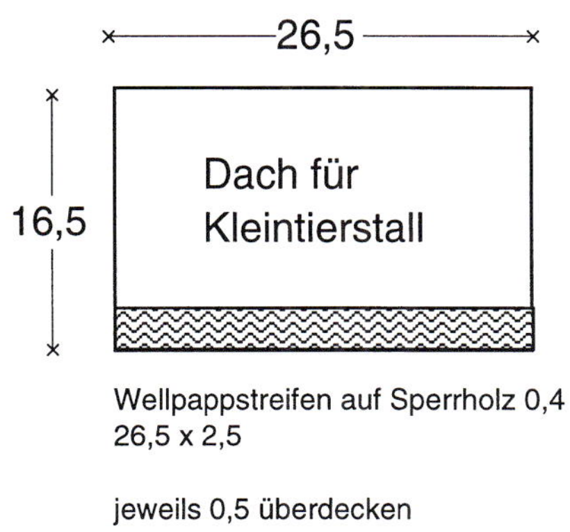

Kleintierstall: Die Teile G, H, J und K einschließlich Tür und Fensteröffnungen auf Spanplatte aufzeichnen, zuschneiden und zusammenleimen. Im Innern des Stalles auf einer Höhe von 4 cm eine Bodenplatte aus Sperrholz (0,4 cm stark) auf Leistchen setzen. Tür- und Fensteröffnungen mit 1 cm starken Streifen verstärken. Beide Dachflächen aus Sperrholz (0,4 cm stark) anfertigen. Jeweils an der unteren Seite eine Leiste (0,3 × 0,2 cm) als Auflage für die Wellpapierreihe anleimen. 18 Wellpapierstreifen (26,5 × 2,5 cm) herstellen und auf die Dachflächen ankleben.
Für das Bruchsteinmauerwerk auf G und K einen ca. 12 cm breiten und 0,5 cm starken Styrodurstreifen aufleimen und Fugen einritzen oder einbrennen. Fensterkreuz einsetzen und mit Folie hinterkleben. Für beide Türen jeweils zwei Türflügel fertigen und befestigen.

143 Die vorbereiteten Wellpapierstreifen werden auf die Dachfläche aufgeleimt. Dabei überlappen sich die einzelnen Streifen um etwa ein Viertel.

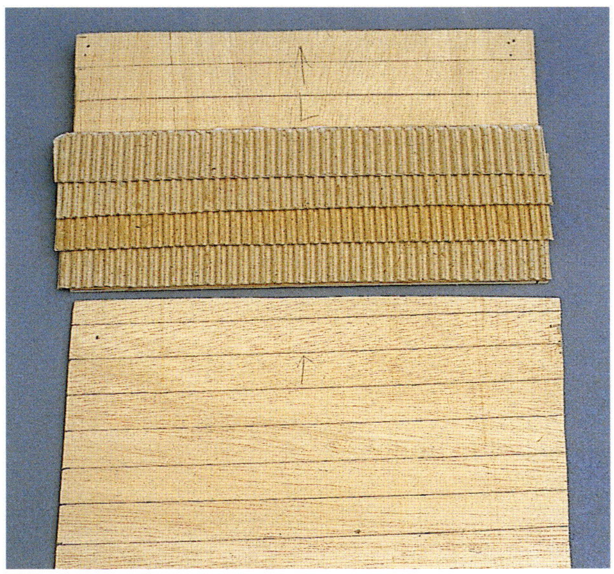

Holzschupfen: Die Teile L, M und N auf 1 cm starker Spanplatte aufzeichnen, zuschneiden, zusammenleimen und nageln.
Für die Vorderwand die notwendigen vier Balken (1,5 × 1,5 cm) zuschneiden, jeweils einen Balken an der Stirnseite von L und N anfügen und mit dem oberen Querbalken (1,0 × 1,0 cm) verbinden. Beide Mittelbalken (1,5 × 1,5 cm) und den Querbalken für die Tür einsetzen. Die Querleisten (0,7 × 0,5 cm) für die vorgesehene Lattung einleimen und die Latten (0,5 × 0,3 cm) im Abstand von ca. 1 cm aufkleben.
Das Dach aus Sperrholz (0,4 cm stark) zuschneiden, mit den vorbereiteten Wellpapierstreifen überlappend belegen und auf die Teile L, M, N und Vorderwand aufsetzen. Zuvor jedoch den Kleintierstall und den Holzschupfen an den Außenseiten (Teile J und L) zusammenfügen.

144 Der Holzschupfen besteht aus den Teilen L, M, N und der Vorderwand. Er wird mit dem Kleintierstall fest verbunden.

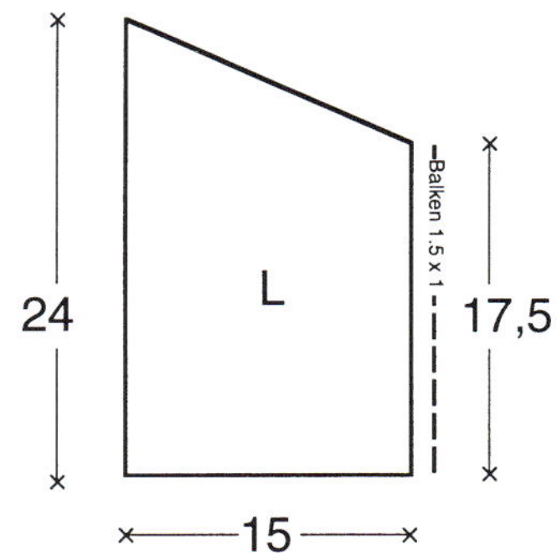

145 Linke Seitenwand.

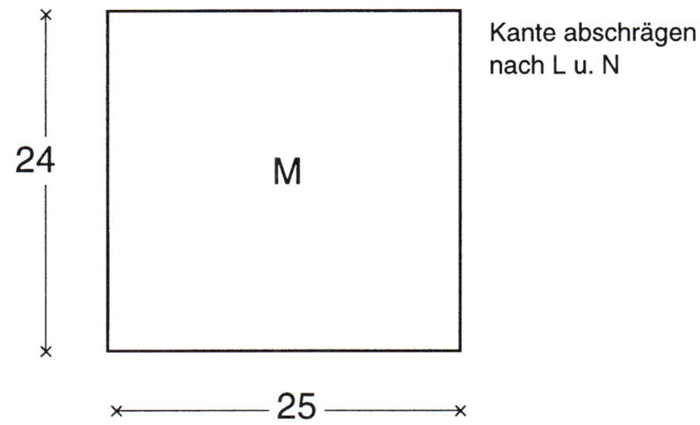

146 Rückwand, an der die Kanten nach L und N abgeschrägt werden müssen.

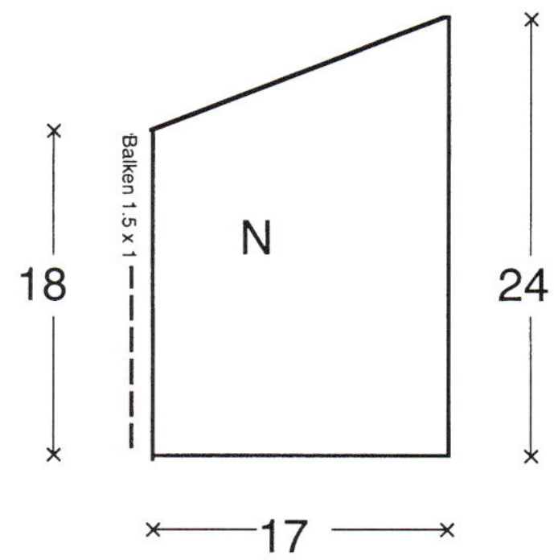

147 Rechte Seitenwand.

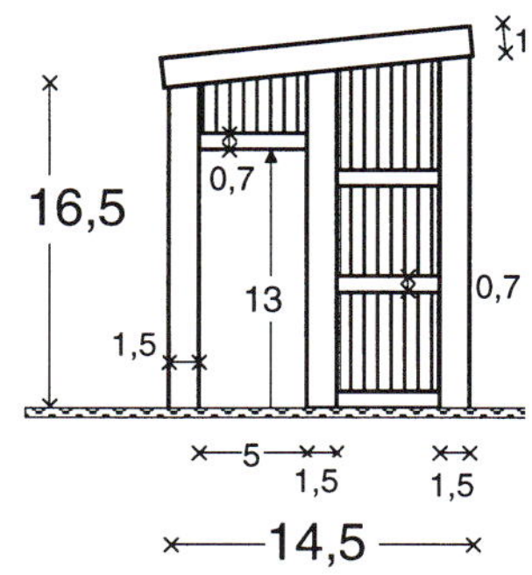

148 Die Vorderwand des Schupfens besteht aus Balken und einer Lattung.

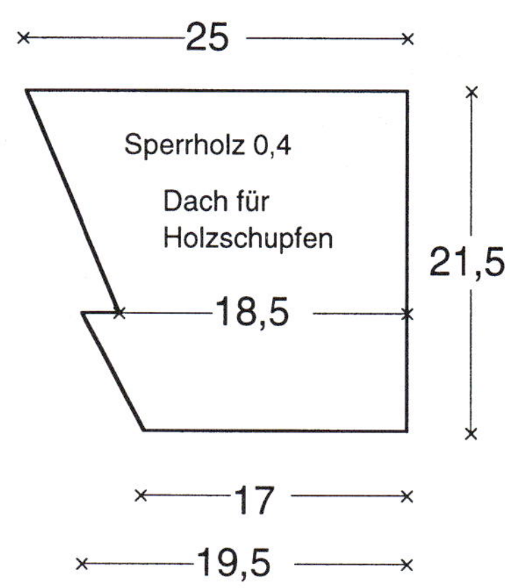

149 Das Dach aus Sperrholz zuschneiden, an die zusammengefügten Gebäude (Stall und Schupfen) anpassen und auf die Teile L, M, N und Vorderwand des Schupfens befestigen. Vorbereitete Wellpapierstreifen aufleimen.

152 *Zwischen Aufgang zum Kleintierstall und dem Schupfen wird eine Mauer (Styrodur) gesetzt.*

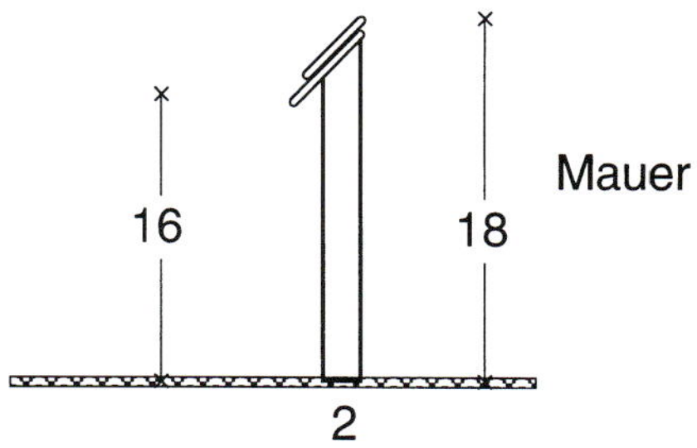

150 Seitenansicht der aus Styrodur und aufgeleimter Sperrholzplatte gefertigten Mauer.

151 Um den Türbogen wird ein Bruchsteinmauerwerk aus Styrodur aufgeleimt.

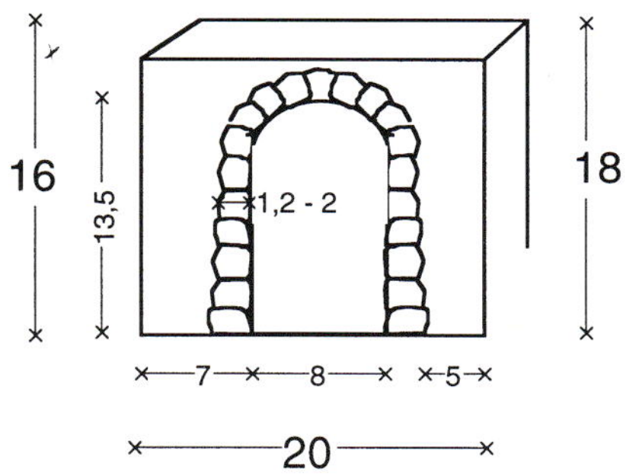

Mauer: Aus Styrodur eine Platte von 18 × 20 cm (2,0 cm stark) schneiden und auf eine Sperrholzplatte 18 × 20 cm (0,4 cm stark) aufkleben. Türöffnung aussägen und die Oberkante der Platte ca. 2 cm nach vorn abschrägen. Um den Türbogen ein Bruchsteinmauerwerk von 1,2 bis 2,0 cm großen und 0,5 cm starken Styrodurstreifen anleimen. Auf der abgeschrägten Fläche zwei vorbereitete Wellpapierstreifen überlappend aufsetzen. Als Abschluß kann hinter diese Mauer noch eine weitere, aber niedrigere Steinmauer gesetzt werden.

Anstriche und Gelände: Nach Erstellung der Gebäude und der Mauer diese auf der Grundplatte (Bodenplatte) fixieren und befestigen.
Auf dem Gelände werden Felsen, Mauerwerk und Treppe angebracht. Als Material finden Reste von Styropor, Styrodur, Spanplatten und ähnlichem Verwendung. Besonders eignen sich Preßpappen in verschiedenen Stärken.
Alle Holzteile mit grauer Beize behandeln. Die sichtbaren Mauerteile mit Krippenmörtel überziehen; ebenso die übrigen Stellen der Bodenplatte. Nach Trocknen des Putzes diesen mit weißer Dispersionsfarbe überstreichen und nach einigen Stunden mit Erdfarben behandeln.
Die Dachflächen werden mit ziegelroter Farbe und später mit Umbragrün oder Schwarz abgetönt.

ALPENLÄNDISCHE KRIPPE

153 *In der alpenländischen Krippe sind Wohnhaus und Stall zumeist unter einem Dach vereint.*

Geprägte Landschaften haben eigenständige Haus- und Hoftypen entwickelt, seien es die wuchtigen strohgedeckten Vierkanthöfe im Waldviertel, die Blockhäuser des Bayerischen Waldes oder aber auch ein alpenländisches Bauernhaus. Wohnhaus und Stall sind unter einem Dach vereinigt. Zur Heiligen Familie kommen die Hirten mit ihren Tieren.

154 Die Grundplatte sollte an der Vorderseite abgerundet werden.

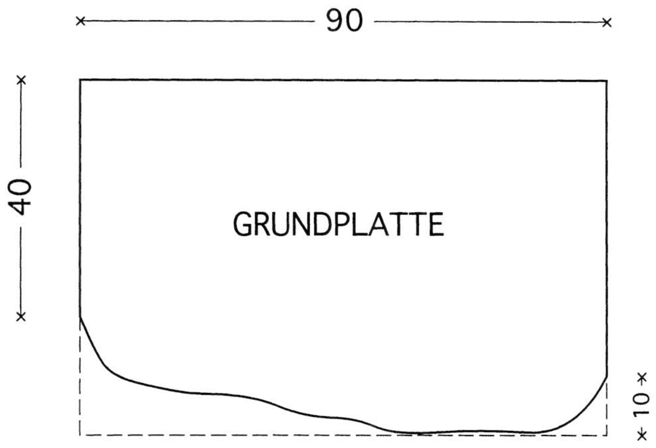

155 Der Grundriß dient für die Zusammensetzung der einzelnen Teile.

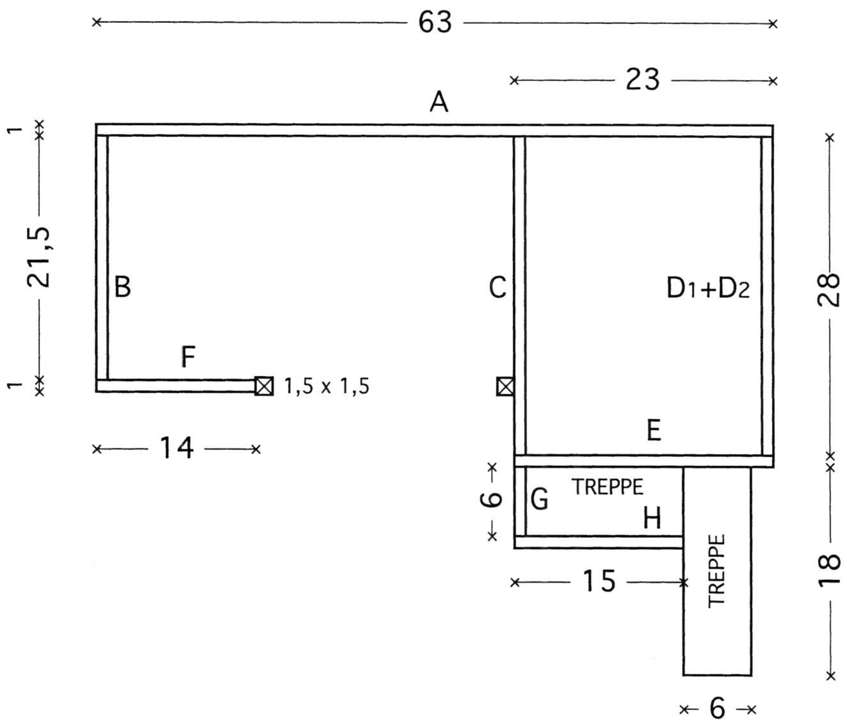

MATERIAL UND MASSANGABEN

Grundplatte: 90 × 60 cm

A: 63 × 51 cm
B: 21,5 × 38 cm
C: 28 × 45 cm
D 1: 28 × 21 cm
D 2: 28 × 18,5 cm
E: 23 × 45 cm
F: 24 × 51 cm
G: 6 × 16,3 cm
H: 15 × 18 cm
(Grundplatte und Teile A bis H aus jeweils 1,0 cm starker Spanplatte)
Treppe: Holzstreifen ca. 110 × 6,0 cm (1,7 cm Stärke)
Dach (links): 30 × 32 cm Sperrholz (0,4 cm stark)
Dach (rechts): 35 × 46 cm Sperrholz (0,4 cm stark)
Leisten für Fachwerk: 130 cm (1,5 × 0,7 cm)
160 cm (1,2 × 0,3 cm)
Kanthölzer: 2,0 m (1,5 × 1,5 cm)
Leisten für Verkleidung B + F: 5,0 m (zwischen 1,2 und 2,0 cm, 0,3 cm stark)
Leisten für Scheunendecke A, B, C: ca. 6,0 m (1,0 – 2,0 cm, 0,3 cm stark)
Sperrholzplatte: 28 × 19,5 cm (0,4 cm stark)
Styropor oder Styrodur
Schindeln (ca. 700 aus Weichholz, einzeln 3,5 × 2,0 cm)
Beize
Leim
Krippenmörtel
Erdfarben

Figurengröße: 15 cm

SCHRITT FÜR SCHRITT

Teile A, B, C, D 1, D 2, E, F, G und H den Zeichnungen entsprechend ausschneiden. Das Fachwerk an den Teilen A, B und C aufzeichnen, dann die entsprechenden Bälkchen und Leistchen aufleimen, deren Kanten vorher mit dem Schnitzmesser zu brechen sind.
Bei F, D 1 und E Fenster- und Türstöcke und Verkleidungen anbringen. Anschließend Fensterkreuze einsetzen und mit einer Klarsichtfolie von innen verkleben. Ebenso kann die in E vorgesehene Tür angebracht werden.
Zu beachten ist: Um optisch das Mauerwerk für Fenster und Tür zu verstärken, werden auf der Rückseite von F, D 1, E und C bei den Öffnungen ca. 1,0 – 1,2 cm starke Spanplattenstreifen befestigt. Jetzt können die Teile A bis F zusammengeleimt und genagelt werden.
An der Scheunenöffnung in F und C die Balken (Kanthölzer 1,5 × 1,5 cm) einschließlich des Querbalkens anbringen. Auch hier nicht vergessen: Zuvor die Kanten der Hölzer mit dem Schnitzmesser brechen!
Für den Scheunenboden die beiden Stütz-, den Quer- und den Schrägbalken an die Teile F und C anleimen. Auf dem Oberteil des Quer- und dem Unterteil des Schrägbalkens Leistchen (0,4 × 0,4 cm) aufleimen und die Öffnung mit Stäbchen in unterschiedlichen Breiten (0,4–0,6 cm) versehen.
An den Teilen F und B werden in der oberen Hälfte Leistchen in verschiedenen Breiten (1,2–2,0 cm) angebracht. Auch hier werden bei den Leistchen mit dem Schnitzmesser die Kanten gebrochen. Unregelmäßig sollten auch die Unterkanten der Leistchen beim Mauerwerk sein.

156 Rückwand A aus Sperrholz ausschneiden und die Lage für Gebälk und Fachwerk einzeichnen.

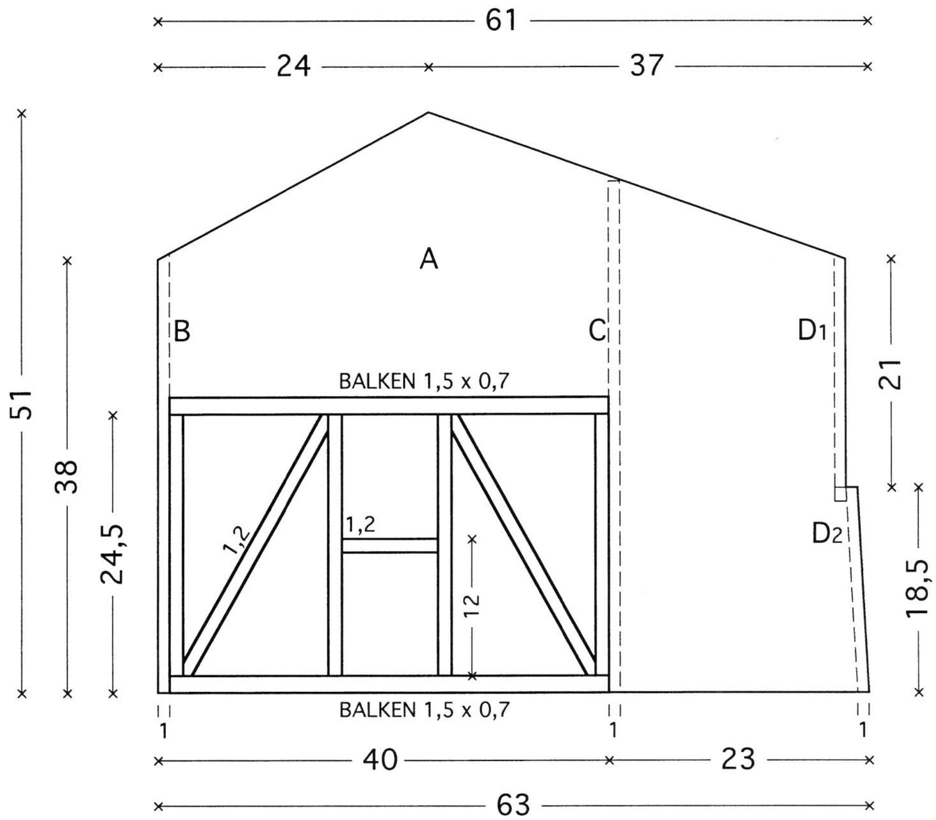

158 Bei der Innenseite von Teil B ist beim Aufleimen der Balken und des Fachwerks auf die auf Teil A angebrachten Balken zu achten.

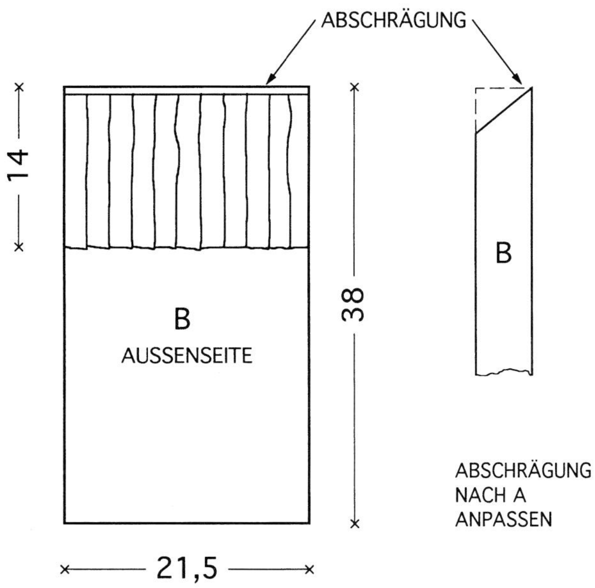

157 Die Außenseite von Teil B wird oben an Rückwand A angepaßt und entsprechend abgeschrägt.

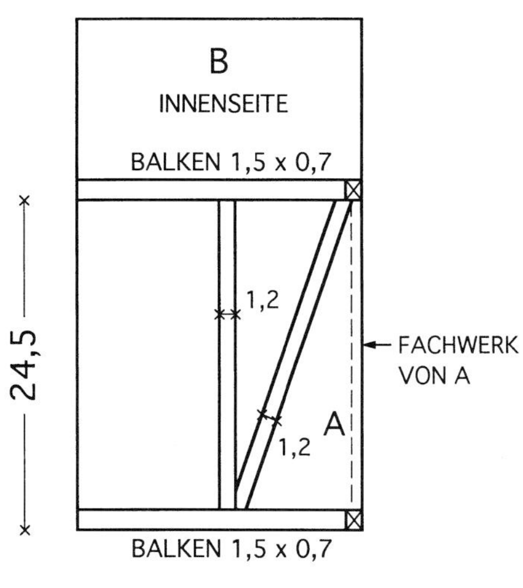

159 Ebenso wie bei der Zeichnung 158 sind auch hier das Fachwerk und die Balken auf Teil A zu berücksichtigen.

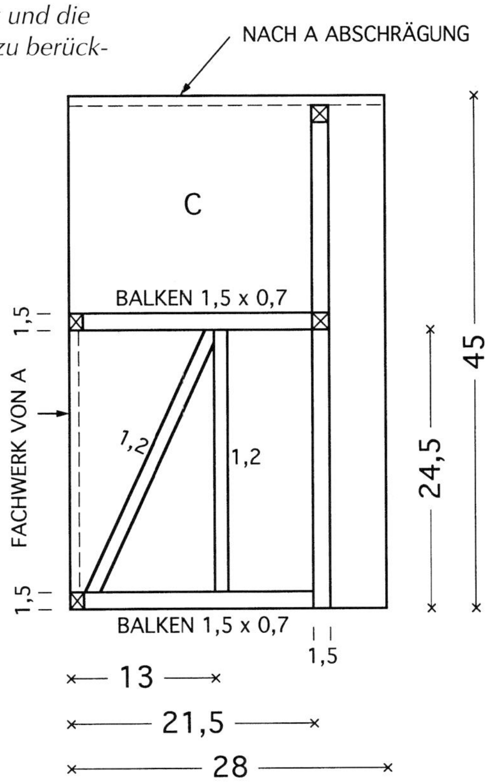

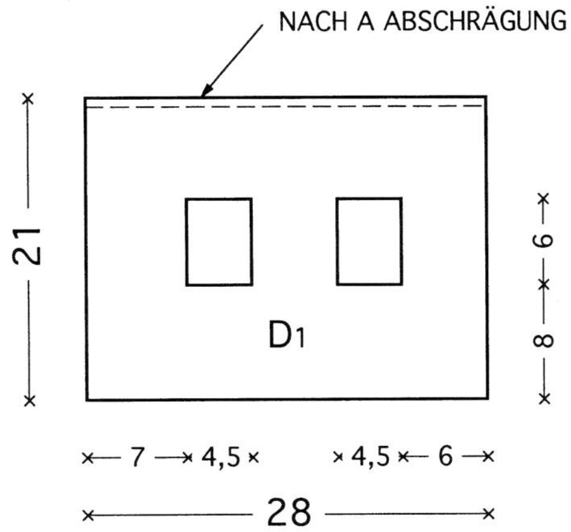

160 Bei D1 Fenster ausschneiden und an obere Kante zu A anpassen und abschrägen.

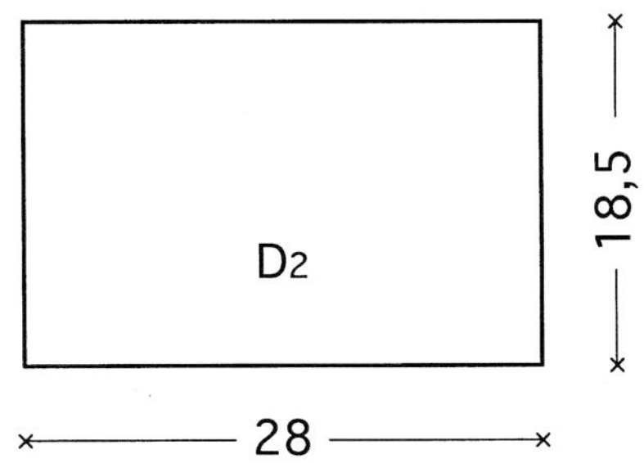

161 Teil D2, die untere rechte Außenwand.

162 Teil E unter Berücksichtigung der beiden Türen ausschneiden. ▷

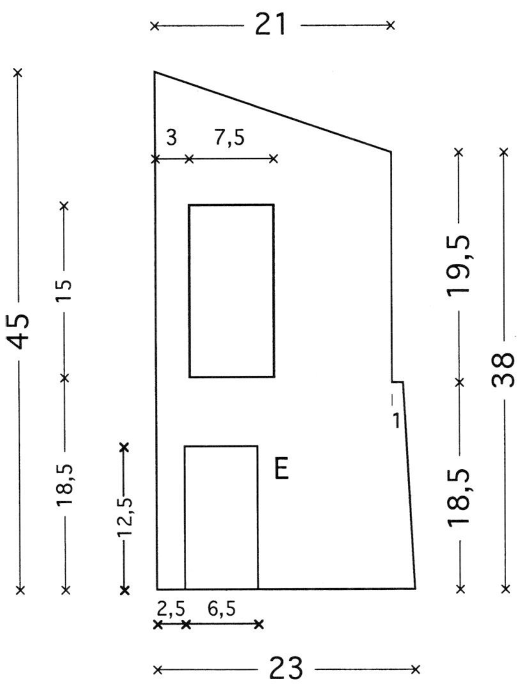

163 Fenster in Teil F ausschneiden. Nach Zusammensetzen des Hauses die obere Hälfte mit ungleich breiten Brettchen bekleben. ▷▷

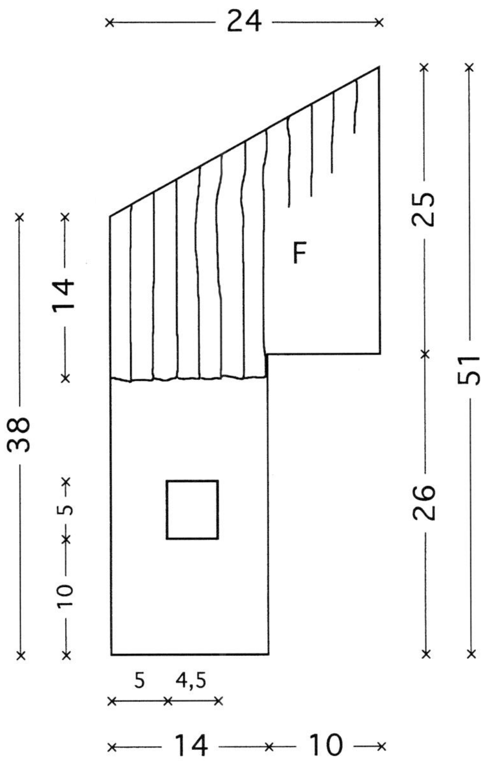

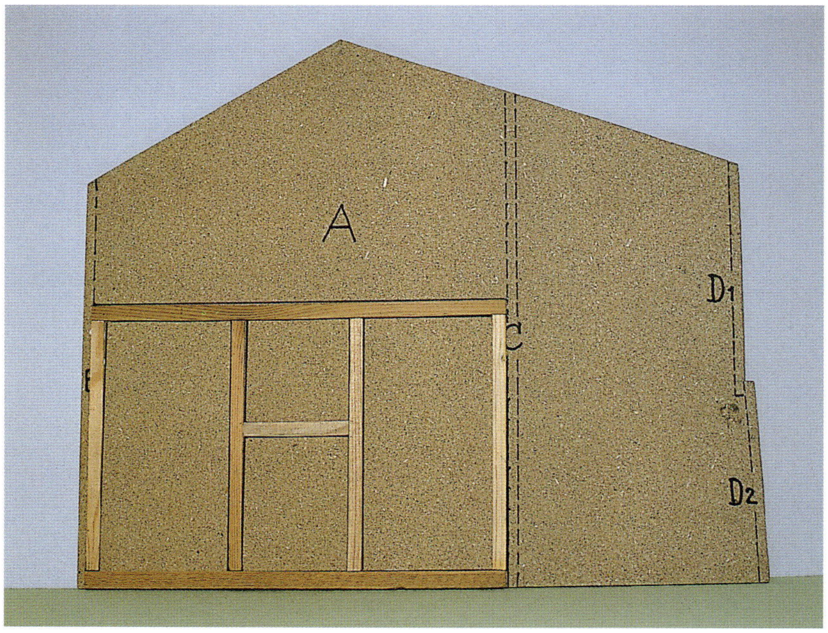

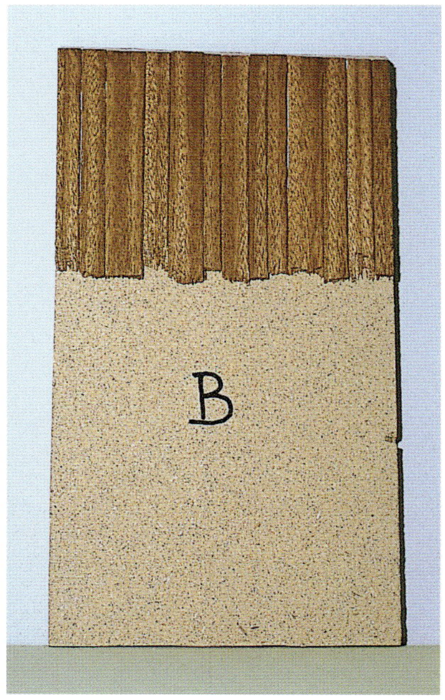

◁◁ 164 *Nachdem die Rückwand A zugeschnitten ist, werden das Gebälk und das Fachwerk aufgeleimt.*

◁ 165 *Die Außenseite B wird im oberen Teil mit Brettern verkleidet. Der untere Bretterabschluß soll ungleich wirken.*

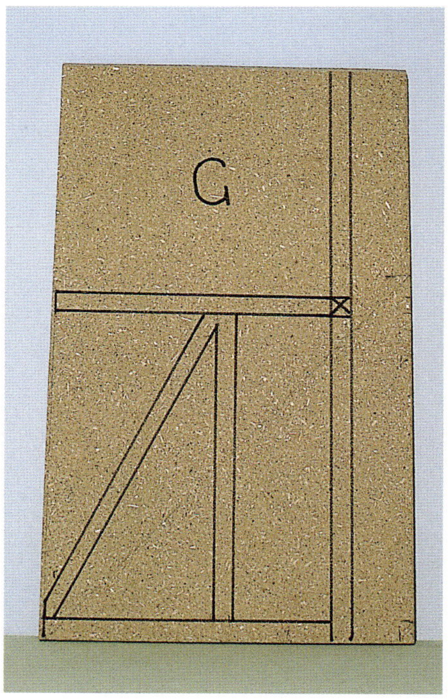

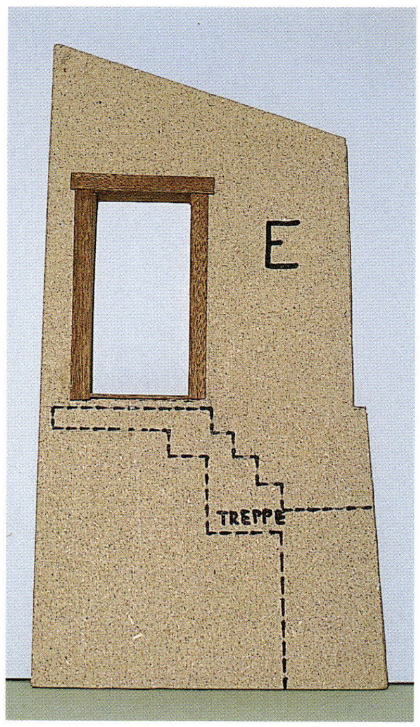

◁◁ 166 *Auf die Innenseite des Stalles werden Balken und Fachwerk aufgezeichnet.*

◁ 167 *Teil E unter Berücksichtigung der Türöffnung ausschneiden und den Verlauf der Treppe einzeichnen.*

168, 169 Bei Teil D1 das Fenster auf der Rückseite mit 1 cm starken Spanplattenstreifen verstärken, auf der Vorderseite die Fenstereinrahmung aufkleben und anschließend das Fensterkreuz einsetzen.

170 Nach Verkleidung der Fenster Teile zusammenbauen. ▽

171 Sind die Teile A, B, C und F zusammengesetzt, dann werden an F und C die beiden senkrecht stehenden Balken und der Querbalken angeleimt. ▽▷

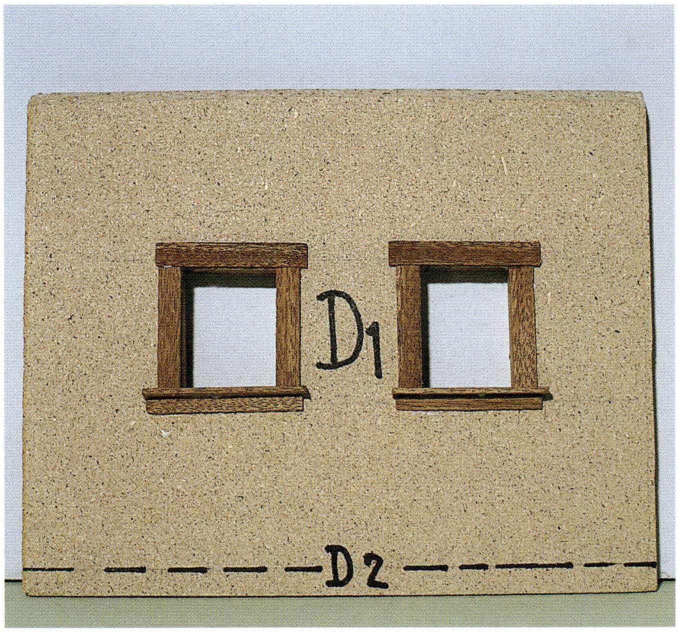

Treppe: Für die Treppe werden elf Stufen mit einer Stufenhöhe von 1,7 cm benötigt. Die Trittiefe für die Stufe 1 bis 6 beträgt 2,0 cm, für die Stufe 7 sind es 6 cm, Stufe 8, 9 und 10 sind 1,5 cm tief. Die einzelnen Stufen werden aus Holzstreifen oder Styrodur (Stärke 1,7 cm, Breite 6,0 cm) gearbeitet.

Stufe 1:	18 × 6,0 cm	Stufe 7:	11 × 6,0 cm
Stufe 2:	16 × 6,0 cm	Stufe 8:	5,0 × 6,0 cm
Stufe 3:	14 × 6,0 cm	Stufe 9:	3,5 × 6,0 cm
Stufe 4:	12 × 6,0 cm	Stufe 10:	4,5 × 6,0 cm
Stufe 5:	10 × 6,0 cm	Stufe 11:	11 × 6,0 cm
Stufe 6:	8 × 6,0 cm		

Die einzelnen Treppenteile zusammenleimen und so an Teil E befestigen, daß die oberste Stufe (11) mit der Tür abschließt. Dann die bereits vorgefertigten Teile G und H zusammenleimen und an der bereits an E angebrachten Treppe anbauen.
Das Krippenhaus auf der Grundplatte fixieren; eventuell auch nur aufsetzen, um es später wieder abnehmen zu können.
Den Fußboden des Innenraumes der Scheune noch mit ca. 2,0 cm breiten Leisten verkleiden. Kanten der Leisten brechen.
Für die beiden Türöffnungen sind Türen nach eigener Vorstellung zu fertigen und anzubringen.

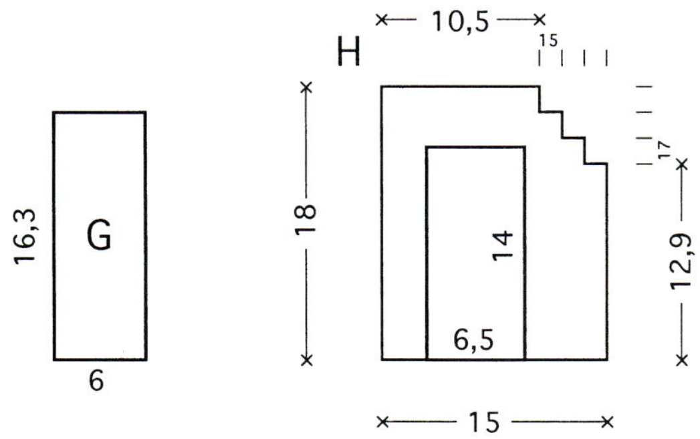

172, 173 Teile G und H unter Berücksichtigung des Kellereingangs ausschneiden, zusammenleimen und an den Treppenblock anbringen.

174 Der Treppenblock wird aus den einzelnen Stufen zusammengesetzt.

175 Die Brettchen, die zur Verkleidung von Teil F dienen, sind an der Unterkante ungleich zu brechen.

176 Treppenklotz an Teil E anleimen.

177 Zwischen Kellereingang und Treppen Felsbrocken anbringen. ▽

178 Die Trittfläche vor der Tür wird mit einem Geländer versehen.

179 Vorderansicht der Krippe mit angebrachter Treppe. Die Rückwand des Stalles ist mit Fachwerk versehen.

180 Auf dem Dachbalken wird ein Bretterboden mit ungleich breiten Brettern verlegt. Zur Beleuchtung des Innenraumes kann eine Öffnung freigehalten werden.

181 Für den Boden der Scheune werden auf dem Grundbrett verschieden breite Brettchen aufgeleimt.

182 Die offenen Flächen des Grundbretts und die Bodenerhebungen werden mit Krippenmörtel verputzt, die Pflasterung wird mit einem Stäbchen eingedrückt und mit weißer Dispersionsfarbe überzogen. Nachdem alles getrocknet ist, mit Erdfarben behandeln.

183 An Ecke F/B kann aus Preßpappe eine Bodenerhebung (Felsen) angedeutet werden.

Dächer: Für die Dächer werden ungefähr 660 – 700 Schindeln (3,5 × 2,0 × 0,2 cm) benötigt. Gefertigt werden sie möglichst aus alten Fichtenbrettern.
Zuerst wird der Kamin nach Zeichnung aus Styropor gestaltet und auf der Dachseite rechts angebracht. Danach werden die Schindeln aufgeleimt (Leiste am Rand der Dächer nicht vergessen!). Aus Styropor kleine Felssteine schnitzen und auf den Dächern anleimen.
Die Holzteile der alpenländischen Krippe mit einem Grauton beizen. Die Mauerteile mit Krippenmörtel überziehen. Die Krippe vor Aufsetzen des Dachs mit weißer Dispersionsfarbe anstreichen – aber erst, wenn der Mörtel getrocknet ist. Ist auch die Farbe getrocknet, alles mit Erdfarben behandeln.

Jetzt wird das Dach aufgesetzt, wobei als Firstabschluß zwei Brettchen (je 1,0 × 0,3 cm) aufgeleimt werden sollten. An der Vorderseite der beiden Dächer können zur Verzierung noch sechs Dachsparren (1,5 × 1,5 cm) unterhalb des Dachs zwischen Scheune und Haus angebracht werden. Dächer mit Beize einfärben oder die Schindeln mit dem Bunsenbrenner ankohlen und mit der Stahlbürste behandeln.
Um das Äußere der Krippe wirksam zu gestalten, kann am linken Teil von F und B eine kleine Bodenerhebung aus Styropor oder anderem Material verfertigt werden. Bei Teil D 1 und bei der Treppe können ebenso Felserhebungen (ca. 15,0 cm Höhe) angebracht werden. Zwischen Kellereingang und Treppe könnten Felsbrocken die Ansicht anschaulicher machen. Auch diese ausschmückenden Details müssen entsprechend dem Gesamteindruck mit Mörtel und Farben behandelt werden.
Die Trittfläche vor der Tür bei Teil F sollte mit einem Geländer versehen werden.

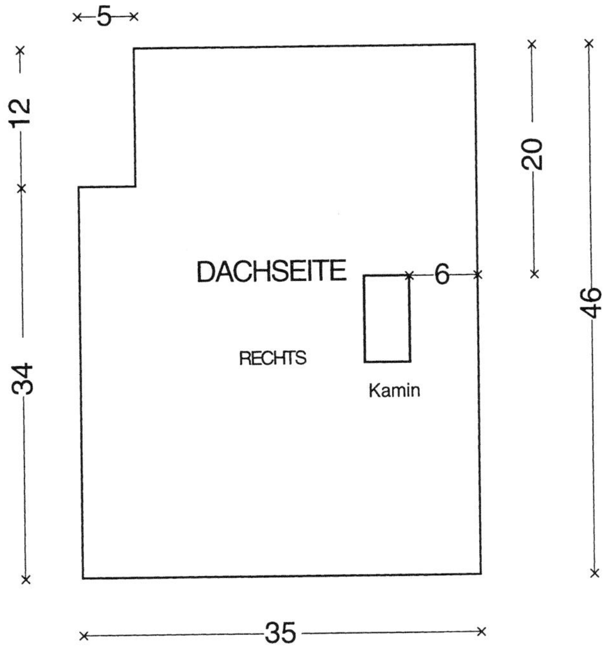

184 Auf der rechten Dachseite wird vor Auftrag der Schindeln ein Kamin aufgeleimt.

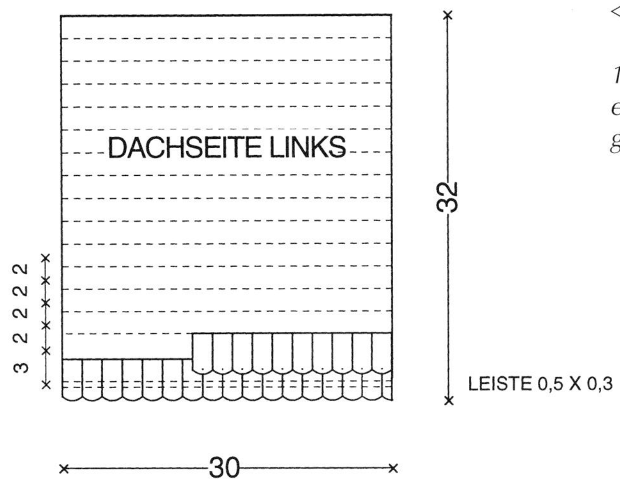

◁ 185 Dachseite links.

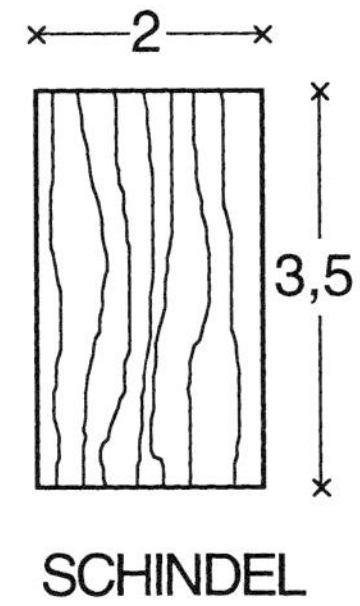

186 Die Schindeln werden aus einem alten Weichholzbrett hergestellt. ▽

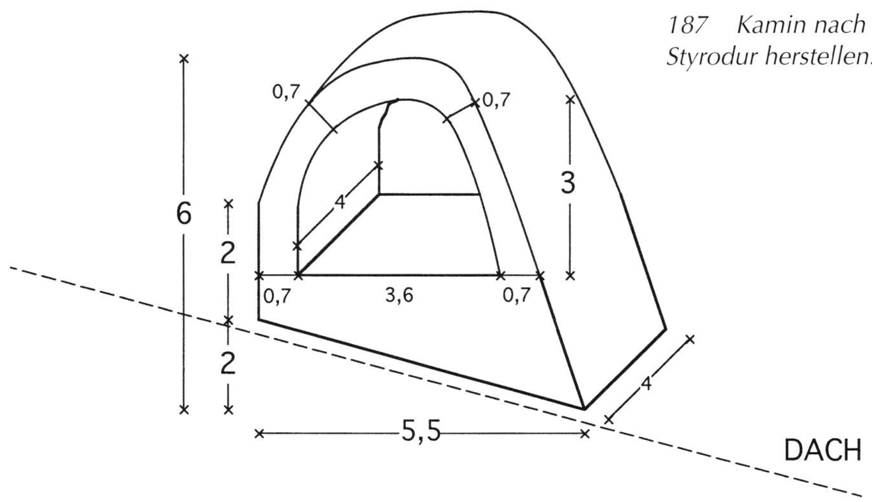

187 Kamin nach Maßgaben aus Styrodur herstellen.

188 Kamin auf einen Styrodurblock aufzeichnen und ausschneiden.

189 Nach Aufsetzen des mit Schindeln gedeckten Daches werden an der Vorderseite des Hauses zur Abdeckung Zierleisten angebracht.

190 Zum Schluß wird der Kamin samt Ansatz zum Dach mit Krippenmörtel verputzt.

NIEDERSÄCHSISCHE KRIPPE

Bethlehem ist überall, argumentieren Befürworter der Heimatkrippe. Das Weihnachtsfest wird hierzulande regional empfunden: Schnee, Kälte und Winternacht gehören nun einmal dazu. Die Heimatkrippe wie unser niedersächsisches Bauernhaus benützt die vertraute, altgewohnte Umgebung, um die Weihnachtsgeschichte auf wirksame Weise in unserer Muttersprache erzählen zu können. Das bleibt beim Betrachter nicht ohne Wirkung, der sich von der Krippenszene in Bann gezogen fühlt.

191 Eine Heimatkrippe im niedersächsischen Stil. Umzäunung und Tor sind typisch für diese Landschaft.

192 *Grundplatte mit Grundriß für Haus, Wagenremise und Umzäunung.*

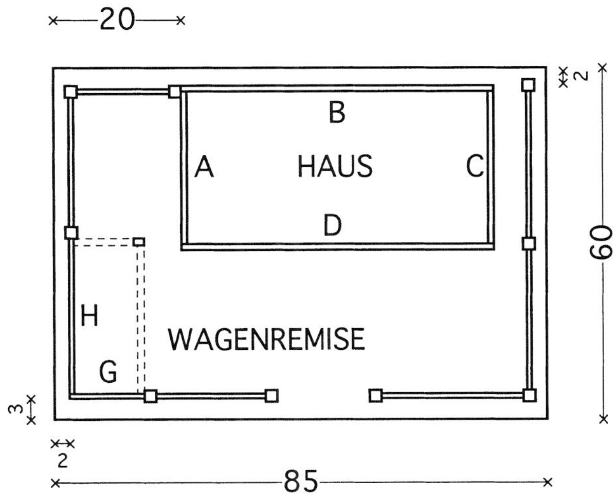

193 *Grundriß für das Krippenhaus.*

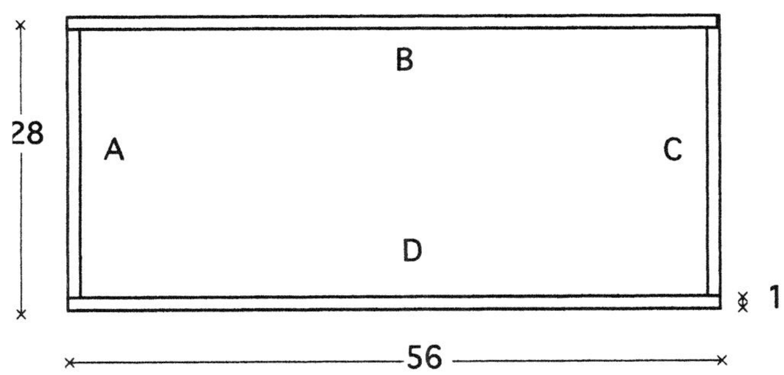

194 *Rückwand Teil B des Hauses.*

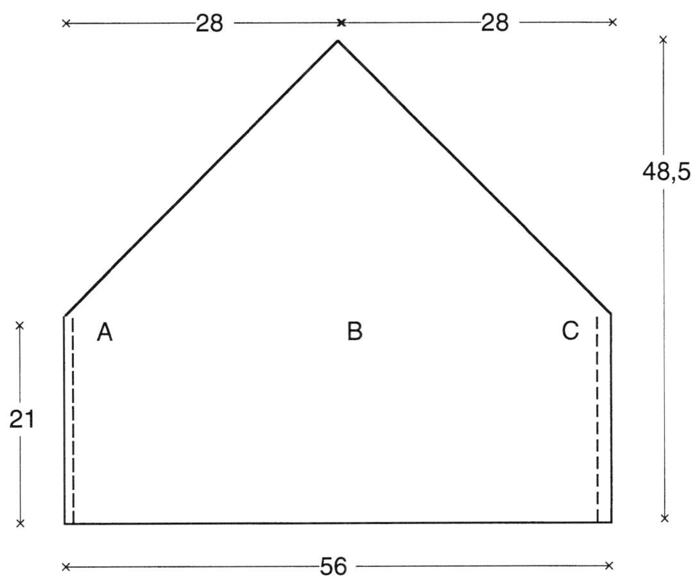

MATERIAL UND MASSANGABEN

Grundplatte: ca. 85 × 60 cm

Haus:	A:	26 × 21 cm
	B:	56 × 48,5 cm
	C:	26 × 21 cm
	D:	56 × 27 cm
	E:	42,6 × 9 cm
	F:	42,5 × 21 cm

(Grundplatte und Teile A bis F aus jeweils 1,0 cm starker Spanplatte)

Leisten: (0,8 × 0,2 – 0,3 cm): 2,0 m
(1,0 × 0,2 – 0,3 cm): 8,0 m

Zwischendecke: 42,5 × 29 cm Sperrholz (0,4 cm stark)
Dach: 63 × 42 cm Sperrholz (0,4 cm stark)
14 Reetstreifen (3,5 × ca. 65 cm)
Hoftor:
Kanthölzer (1,4 × 1,4 cm): 1,2 m
16 ×10 cm Sperrholz (0,4 cm stark)
ca. 7,0 × 26,5 cm Sperrholz (0,4 cm stark) 2×
ca. 9,0 × 8,0 cm Sperrholz (0,4 cm stark) 2×
Ziegel (2,0 × 1,0 cm): ca. 430 Stück

Wagenremise: Grundplatte 29,2 × 13,0 cm Sperrholz (0,4 cm stark)
G: 13 × 18 cm Spanplatte (1,0 cm stark)
H: 12 × 27 cm Spanplatte (1,0 cm stark)
J 1: Kantholz (1,0 × 1,0 cm): ca. 80 cm
J 2: Leiste (0,5 × 1,2 cm): ca. 40 cm
J 3 : Kantholz (1,2 × 1,2 cm) : ca. 50 cm
Dach 1: 29 × 7 cm Sperrholz (0,4 cm stark)
Dach 2: 29 × 13 cm Sperrholz (0,4 cm stark)
7 Pappstreifen 29 × 2,5 cm
Besenborsten
Leim
Dispersionsfarbe
Erdfarbe
Wellpappe
Zahnstocher: ca. 250 Stück

Figurengröße: 12 – 14 cm

SCHRITT FÜR SCHRITT

Bauernhaus: Die Teile A bis D einschließlich der Öffnungen (Tor und Fenster) nach Zeichnung auf der Spanplatte aufzeichnen und ausschneiden. Um die Umfassungen von Tor und Fenster zu verstärken, werden jeweils auf der Rückseite Streifen aus Spanplatte oder Styrodur (1,0 cm stark) aufgeleimt. Sollte für die Lagerung eines Trafos (Lichtquelle) die Bodenfläche gewählt werden, ist im oberen Teil der Rückwand (B) eine Öffnung von ca. 10 × 10 cm auszuschneiden.

Anschließend die Teile A, B, C und D zusammenleimen und annageln. Für das Fachwerk auf der Vorderseite von A, C und D werden die vorbereiteten Leisten, wie in den Zeichnungen angegeben, angebracht. Dabei ist zu beachten, daß die Eckleisten im Teil D so weit überstehen, daß diese die Seitenleisten von A und C überlappen. Je nach Gefallen kann auch auf den Innenwänden Fachwerk aufgeleimt werden.

Die Zwischendecke (Sperrholzplatte 42,5 × 29 cm; 0,4 cm stark) auf A, C und D aufsetzen. Es entsteht ein Vorsprung von 2 cm. Sollte eine Lichtquelle für den Bodenraum gewünscht werden, wäre vorher eine entsprechende Öffnung (ca. 10 × 5 cm) in dem Vorderteil (zwischen E und F) der Zwischendecke zu berücksichtigen.

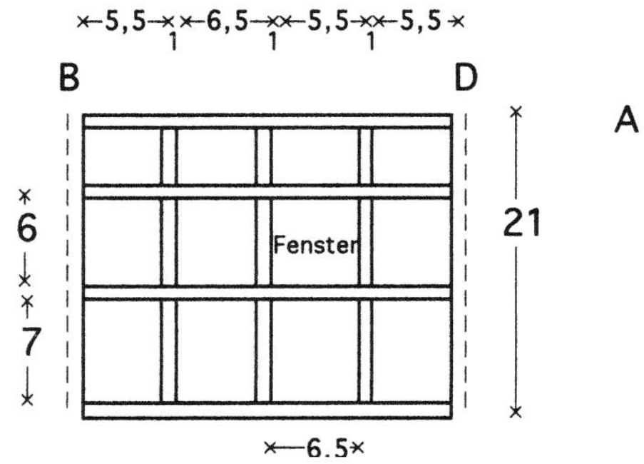

195 Linke Hauswand (Teil A) mit Fenster und Fachwerk.

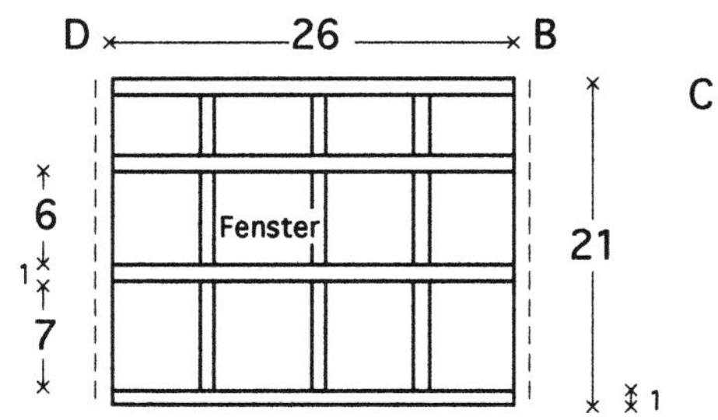

196 Rechte Hauswand (Teil C).

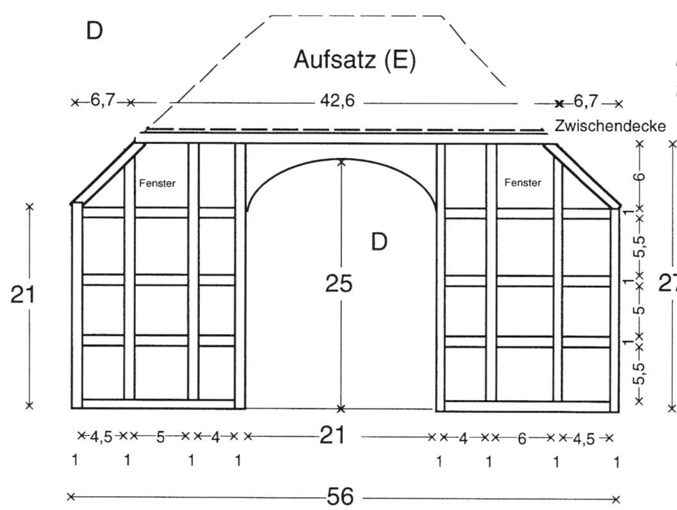

197 Vordere Hauswand (Teil D) mit Tor, Fenster und Fachwerkeinteilung.

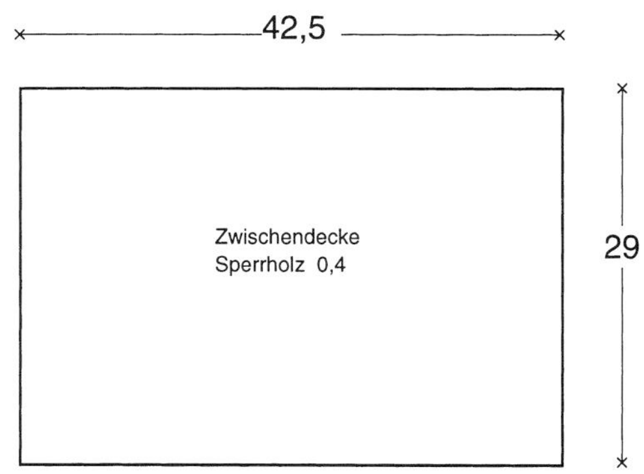

198 Beim Aufsetzen der Zwischendecke auf A, C und D entsteht ein Vorsprung von 2 cm. Vorher eine Öffnung für die Beleuchtung in der Zwischendecke und eine Bodenluke vorsehen.

199 Das Dachmittelteil F und der Aufsatz E werden auf die Zwischendecke aufgesetzt und jeweils mit einer hinterleimten Leiste verstärkt. ▷

200 Die beiden Dachhälften werden auf die zusammengefügten Teile A, B, C und D aufgesetzt und verleimt. ▷▷

201, 202 Auf den Innenseiten von Teil A und C werden zur Verstärkung des Mauerwerks und der Fensteröffnungen ca. 1–2 cm breite Spanplattenstreifen (1 cm stark) angeleimt; in der Mitte der Fensteröffnung wird ein Stäbchen senkrecht befestigt.

203 Die Vorderfront des Hauses besteht aus dem Teil D und Aufsatz E.

204 Auf der Unterseite des Vorsprungs der Zwischendecke werden sechs Deckenbalken angeleimt.

205 Fensterkreuze einsetzen und Mauerflächen mit Krippenmörtel verputzen.

206 Die Unterseite der Zwischendecke wird mit einer Lage Brettchen verkleidet. Anschließend werden zwei Längsbalken und zwei Querbalken (Abschluß der Bodenluke) aufgeleimt.

207 Die Innenseite der Scheune (Teil B) wird bis zur Zwischendecke mit Brettchen verkleidet und eine Tür eingesetzt.

Das Dachmittelteil F und den Aufsatz E auf dem Zwischenboden befestigen. An der Unterseite des Vorsprungs der Zwischendecke werden sechs Deckenbalken (2,0 cm lange Bälkchen, 1 × 1 cm) angeleimt. Die beiden Dachhälften aufsetzen. An der Unterseite der beiden Schrägseiten einen Streifen aus Spanplatte (28 × 2 cm) zur besseren Befestigung des Dachmittelteiles F ankleben. Zum Schluß das Dachmittelteil F an der linken und rechten Dachhälfte einpassen und befestigen.
Die Dachflächen werden dann mit 3,5 cm breiten Reetstreifen gedeckt, nachdem zuvor an der Dachunterseite, wie bei einer Ziegel- und Schindeleindeckung, ein Leistchen (0,3 × 0,2 cm) aufgeleimt wurde. Für die Erstellung der Reetstreifen werden Pappstreifen (braunes Packpapier) ca. 1,0–1,2 cm breit zugeschnitten. Die auf eine Länge von ca. 3,5–3,7 cm zugeschnittenen braunen oder grauen Besenborsten werden zwischen zwei Pappstreifen geleimt. Die Überlappungen der einzelnen Streifen sollten ca. 1,5 cm betragen.
Die Tür für Teil A zusammen mit Tür für Teil D fertigen, Fensterkreuze einsetzen und mit Folie hinterkleben.
Das Fachwerk (Holzteile) mit leicht hellblauer Farbe streichen. Die Innen- und Außenwände zwischen dem Fachwerk verputzen. Putzflächen mit weißer Dispersionsfarbe anstreichen und mit Erdfarbe (Umbragrün) leicht einfärben.
Zur Zierde des vorderen Dachabschlusses können zwei über Kreuz geführte Leisten (ähnlich wie das Raiffeisen-Zeichen) als Dachreiter angebracht werden.

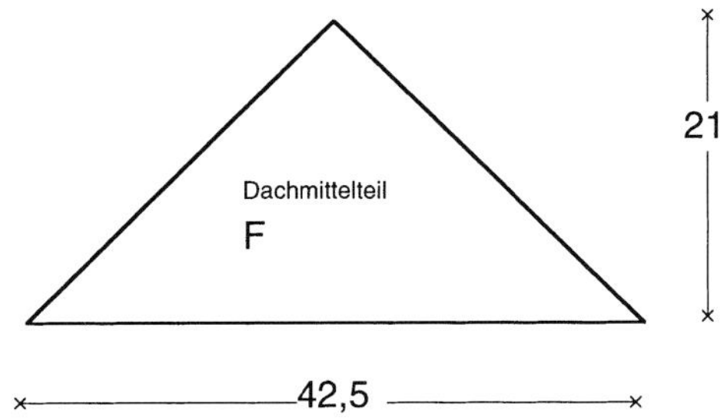

208 Das Dachmittelteil F muß an die beiden Dachhälften angepaßt werden.

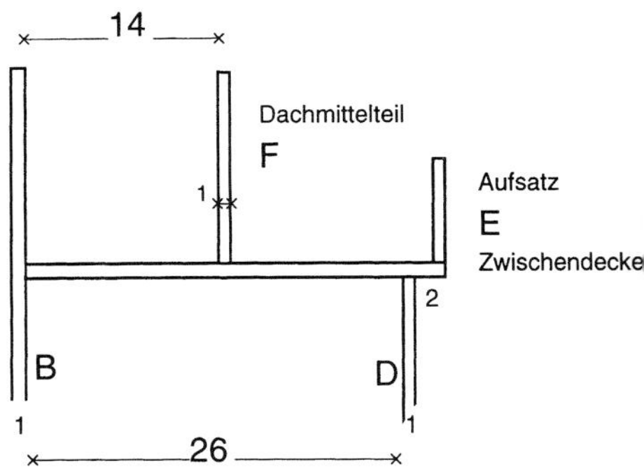

209 Zur besseren Stabilisierung des Daches wird zwischen Rückwand (B) und Aufsatz (E) das Dachmittelteil (F) eingesetzt.

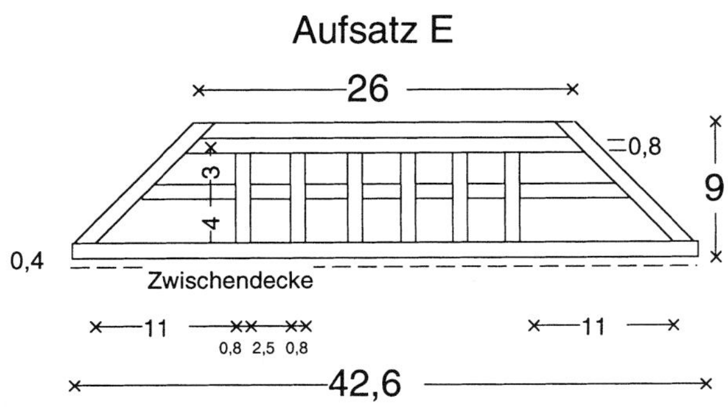

210 Aufsatz E wird auf die Vorderseite der Zwischendecke aufgesetzt.

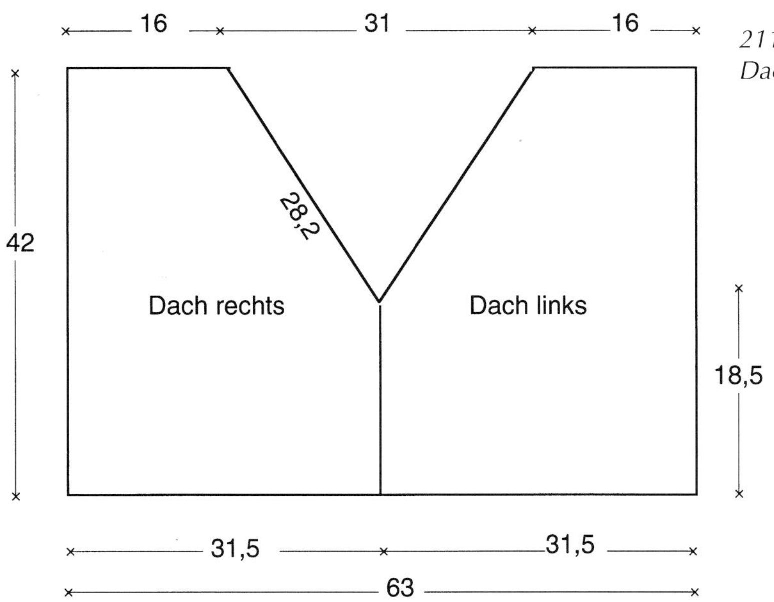

211 Rechte und linke Dachhälfte.

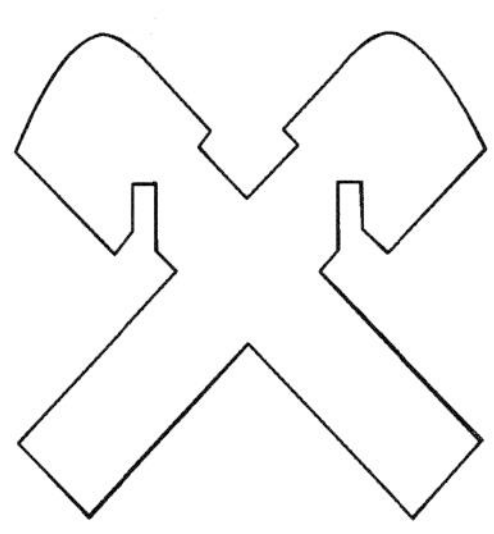

212 Der Dachreiter wird aus Sperrholz (0,5 cm stark) hergestellt.

213 Das landschaftstypische Reetdach kann aus den Borsten eines alten Handfegers oder Besens hergestellt werden.

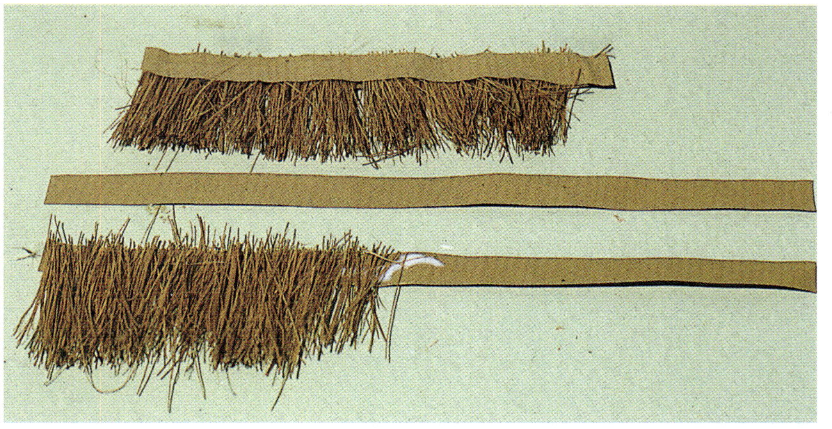

214 Für die Erstellung der Reetstreifen werden die Besenborsten zwischen zwei Pappstreifen geleimt.

215 Die Reetstreifen werden von unten nach oben auf die vorbereitete Dachfläche aufgeleimt, die Überlappung der einzelnen Streifen soll ca. 1,5 cm betragen.

216 Die Überlappung der einzelnen Streifen soll ca. 1,5 cm betragen.

Wagenremise: Die Teile G und H einschließlich der Luke in G auf Spanplatte aufzeichnen und zuschneiden. Anschließend das Gebälk J 1, J 2 und J 3 fertigen. Als Schablone zum Aufbau dient Teil J 1–3 (siehe Zeichnung 220). Teile G und H zusammenleimen und nageln und auf der Grundplatte befestigen. Die vorgefertigte Balkenkonstruktion (J 1, J 2 und J 3) an der Rückwand H und auf der Grundplatte anbringen.

Die beiden Dachflächen Dach 1 und 2 aus Sperrholz herstellen. Die Wellpappstreifen (2,5 × 29 cm) aufkleben, dabei die Überlappung beachten. Für die Erstellung der Wellpappstreifen werden 2,5 cm breite Streifen zugeschnitten, wobei die obere Papierschicht abgelöst wird. Damit eine bessere Versteifung der Wellenbildung erreicht wird, werden vorher Rundstäbchen (Zahnstocher) durch die einzelnen Öffnungen gesteckt und verklebt. Anschließend werden die überstehenden Holzteile abgeschnitten.
Die Dachseiten auf das erstellte Gebäude aufsetzen und befestigen. Als Abschluß der Dachung links und rechts vom Dachfirst noch je einen halben Streifen Wellpappe aufleimen.
Das Mauerwerk (Teile G und H) verputzen, mit weißer Dispersionsfarbe streichen und mit Erdfarbe abtönen. Die Balkenkonstruktion mit grauer Beize behandeln. Tür für die Luke im Teil G fertigen und anbringen.

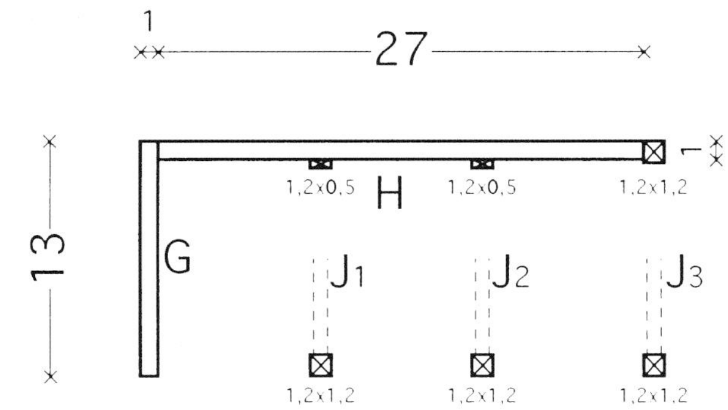

217 Grundriß der Wagenremise.

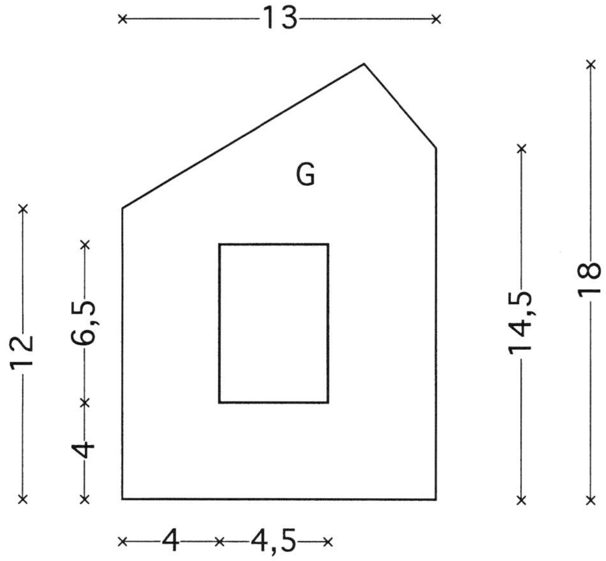

218 Linke Seitenwand Teil G mit Einzeichnung der vorgesehenen Luke.

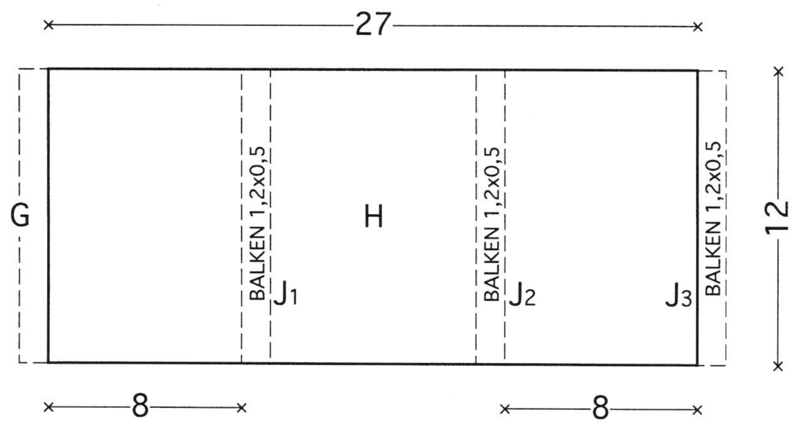

219 Rückwand Teil H mit Anordnung der Balkenkonstruktion (J 1–J 3).

220 Die jeweils vorgefertigte Balkenkonstruktion J 1, J 2 und J 3 wird an der Rückwand H angeleimt.

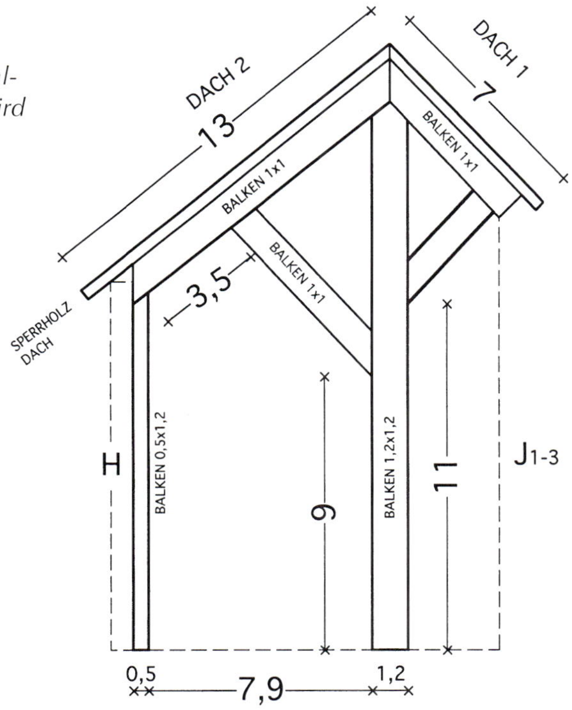

221 Die vordere Dachfläche (Dach 1).

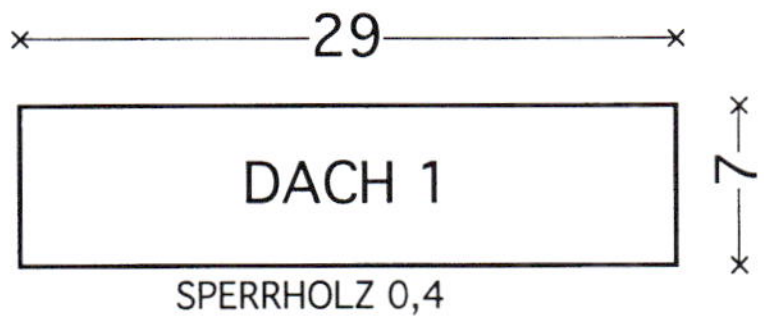

223, 224 Die Innen- und Außenfläche der Teile G und H werden mit Krippenmörtel verputzt, mit weißer Dispersionsfarbe gestrichen und mit Erdfarbe (Umbra grün) leicht abgetönt. Die vorgefertigte Lukentür einsetzen.

222 Die beiden Dachflächen (Dach 1 und 2) werden aus Sperrholz hergestellt und mit Wellpappstreifen beklebt.

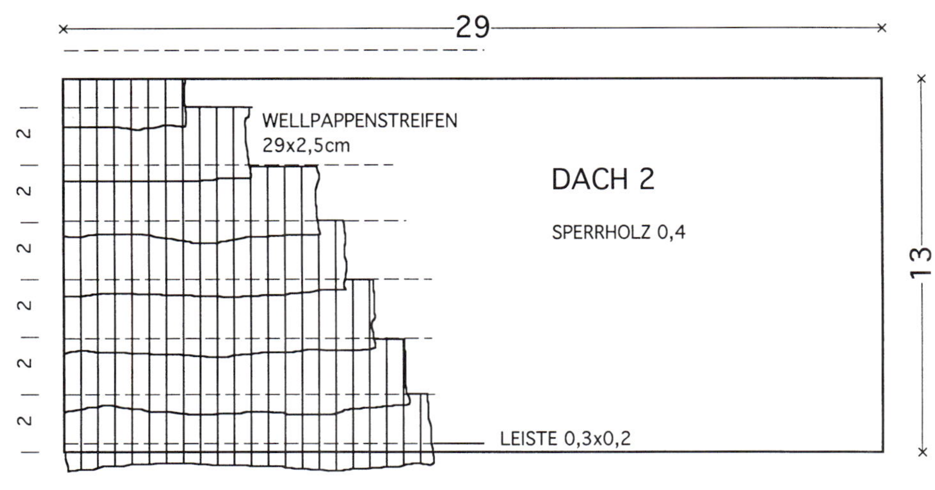

Hoftor: Die beiden senkrechten Balken (30 × 1,4 ×1,4 cm) mit dem Querbalken (15,7×1,4×1,4 cm) verbinden. Das Ziergitter unterhalb des Querbalkens auf Sperrholz (0,4 cm stark) aufzeichnen, ausschneiden und zwischen den Balken einkleben. Am Fußende der beiden senkrechten Balken den Boden- und die schrägen Stützbalken ansetzen. Für die Befestigung des Daches die beiden Querbalken an die angespitzten Rundbalken anleimen und auf der so erhaltenen Dachkonstruktion die beiden Dachhälften und Seitenteile befestigen. Auf der Unterseite Leistchen (0,3 × 0,2 cm) anbringen und die vorbereiteten Ziegel reihenweise aufkleben. Eine Hoftür vervollständigt das Tor.

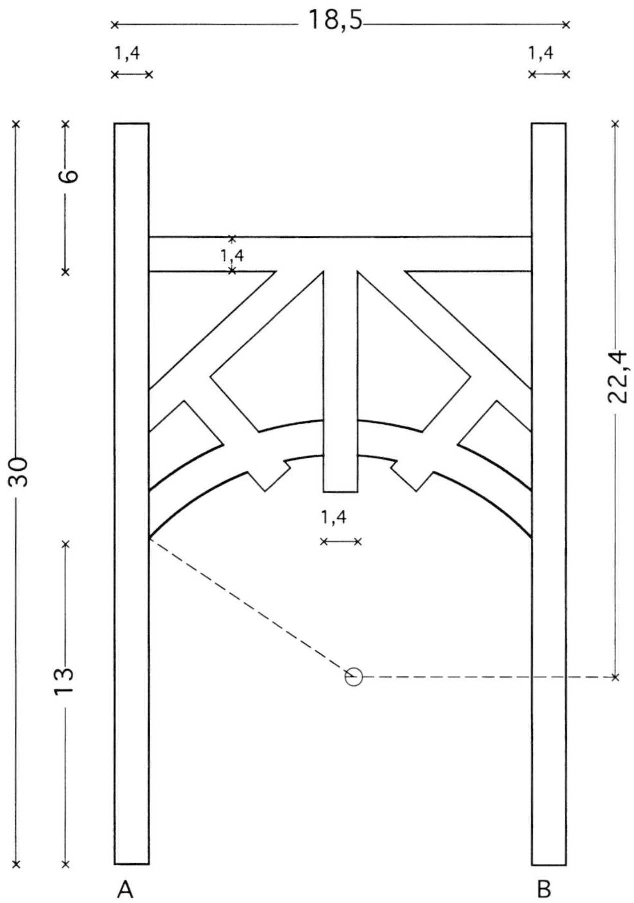

225 Das Hoftor: Ein Ziergitter verbindet die beiden senkrechten Balken mit dem Querbalken.

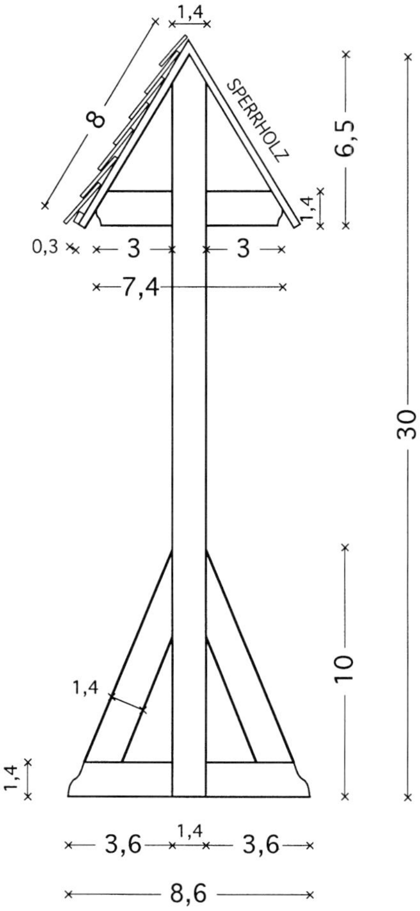

226 Seitenansicht des Hoftores mit Dach und Darstellung der Ziegelauflage.

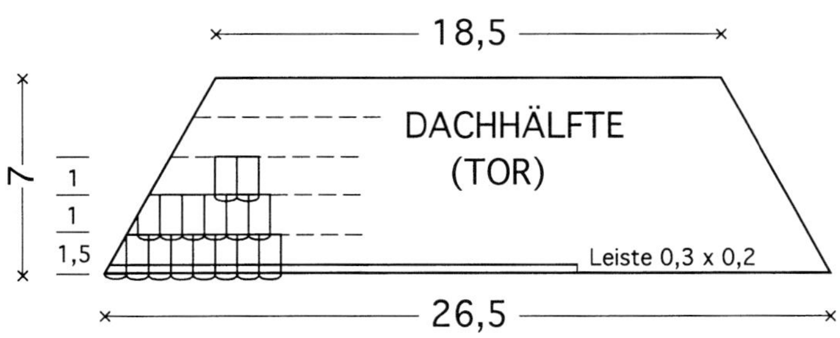

227 Auf beide Dachhälften und die Dachseitenteile werden Hilfslinien für das Aufleimen der Ziegel gezogen.

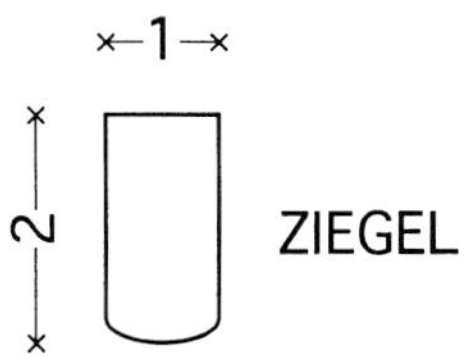

228 Die Ziegel werden aus Holzspateln oder Balsaholz hergestellt.

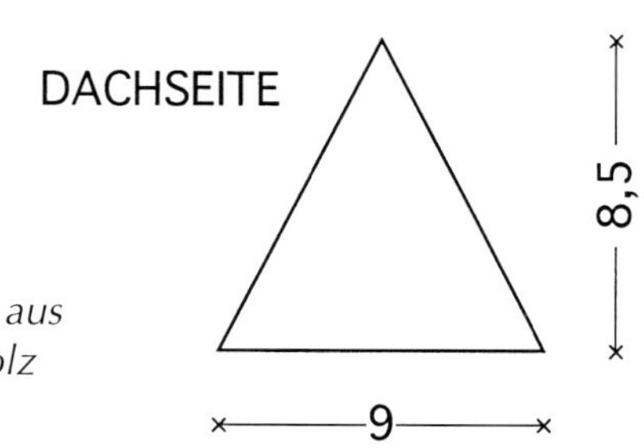

229 Für das Hoftordach werden zwei gleiche Dachseiten benötigt.

232 Seitenansicht des fertigen Hoftores.

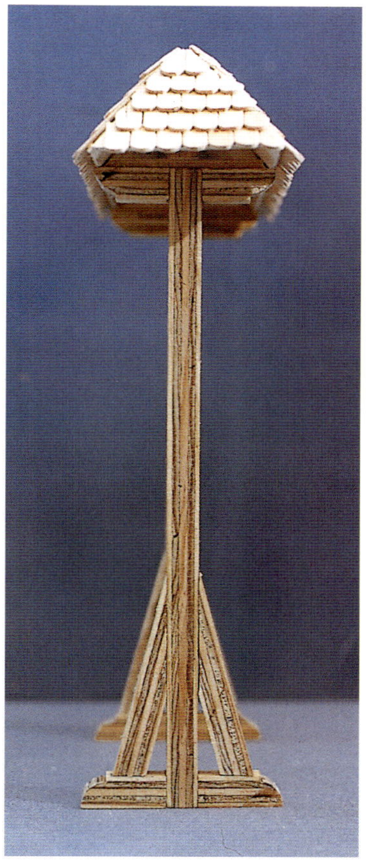

230 Die fertige Balkenkonstruktion.

231 Auf der vorgefertigten Balkenkonstruktion wird das Dach aufgesetzt. ▷

233 Frontalansicht des Hoftores mit eingedecktem Ziegeldach. ▷▷

235 Die einzelnen Zaunfelder werden mit Zaunpfosten verbunden. Zaun und Hoftor werden weiß gestrichen.

Zaun: Die Pfosten des Zaunes bestehen aus Kanthölzern (1,5 × 1,5 cm). Sie sind 11,5 cm hoch. Die einzelnen Zaunlatten sind aus Leistchen (1,0 × 0,4 cm und 10 cm lang) hergestellt. Sie werden im Abstand von ca. 1,0 – 1,2 cm auf die beiden Querleisten (0,7 × 0,4 cm) aufgeklebt. Das Hoftor und der Zaun werden mit weißer Farbe angestrichen, die Dachziegel rot eingefärbt.

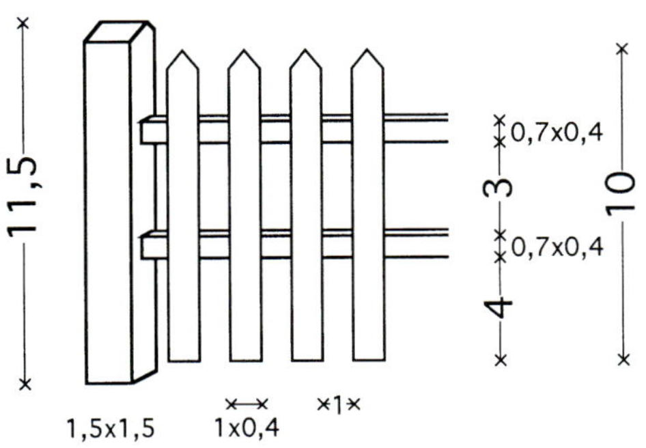

234 Die einzelnen Zaunlatten werden im Abstand von ca. 1,0–1,2 cm auf die beiden Querleisten aufgeklebt.

236 Das Hoftor mit dem Zaun bildet den äußeren Abschluß der Krippe.

237 Zum Hoftor können noch zwei Torflügel gefertigt werden.

238 Zur Zierde des vorderen Dachabschlusses kann ein Dachreiter angebracht werden.

ORIENTALISCHE RUINENKRIPPE

239 Mit nur wenigen Figuren von großer Wirkung: Die orientalische Ruinenkrippe.

Lange Zeit haben sich die Krippenbauer an »historische Treue« gehalten und orientalische Krippen mit der Landschaft Palästinas gebaut, nicht zuletzt unter dem Einfluß der Nazarener. Auch heute noch hat diese »morgenländische« Tradition ihre Berechtigung.

Durch den Verzicht auf einen weiträumigen Ausbau mit Hintergrund wie Felsen oder Sandlandschaft und auf eine Figurenschar wird auf das Eigentliche des Weihnachtsgeschehens hingewiesen: auf das heilige Paar mit dem Kind, dem ein Hirte huldigt.

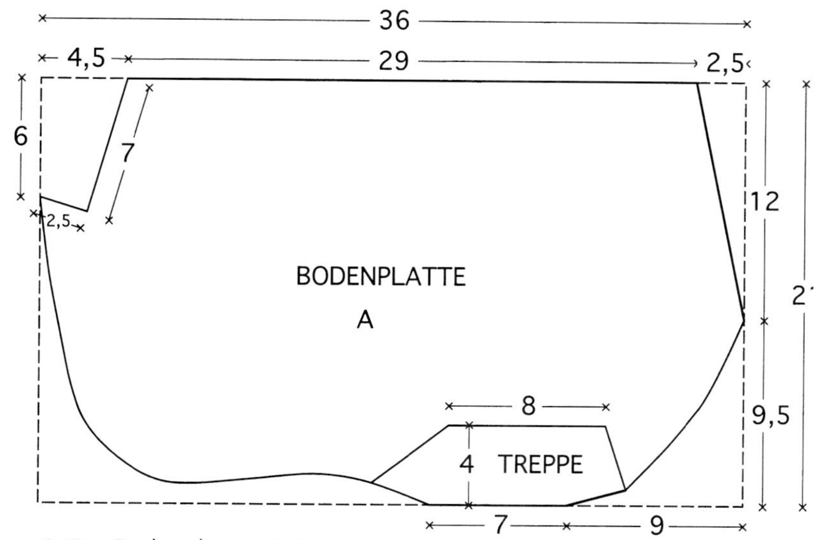

240 Bodenplatte mit Aussparung für Teil B.

MATERIAL UND MASSANGABEN

Grundplatte: 45 × 27 cm Spanplatte (0,8 cm stark)

A:	36 × 21,5 cm	Dämmplatte	(2,0 cm stark)
B 1:	12 × 36,0 cm	Sperrholz	(0,4 cm stark)
B 2 :	12 × 36,0 cm	Styropor	(2,0 cm stark)
C 1:	32 × 50,0 cm	Sperrholz	(0,4 cm stark)
C 2:	32 × 50,0 cm	Styropor	(2,0 cm stark)
D 1:	12,5 × 20,0 cm	Sperrholz	(0,4 cm stark)
D 2:	12,5 × 20,0 cm	Styropor	(2,0 cm stark)

Dachbalken (2,0 × 1,4 cm): 17,0 cm
Fensterbank (1,5 × 1,0 cm): 11,5 cm
Leisten (2,0 × 0,4 – 0,5 cm): ca. 200 cm
Styropor und Styrodur
Leim
Beize
Dispersionsfarbe (weiß)
Erdfarben

Figurengröße: 20 cm

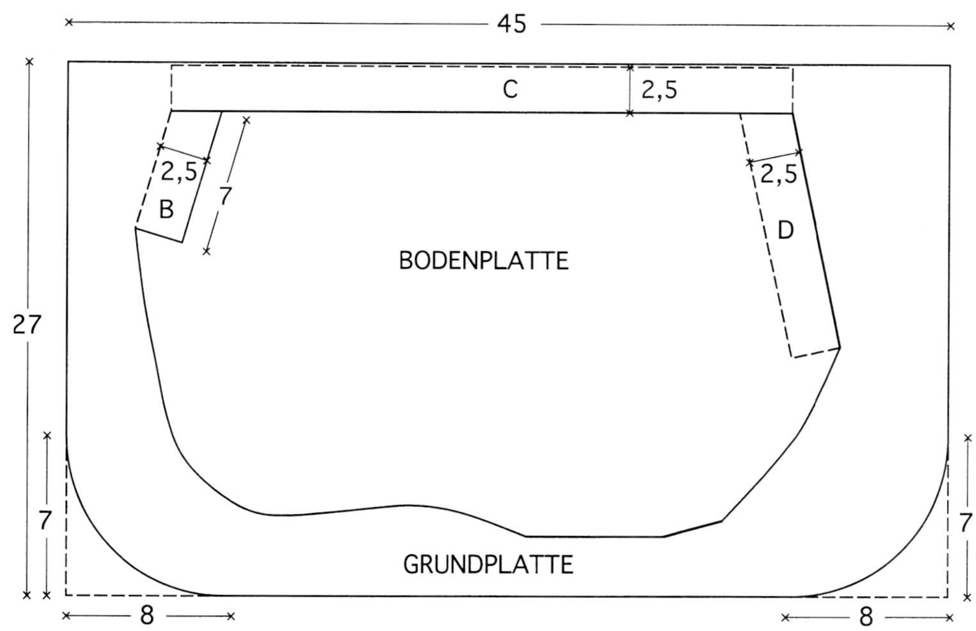

241 Grundplatte mit Bodenplatte.

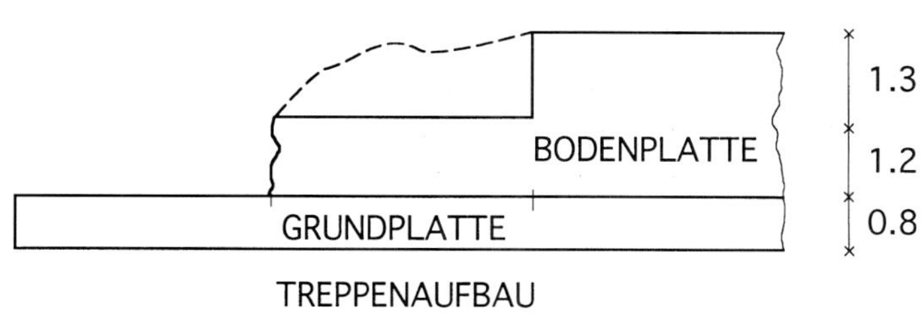

242 Querschnitt des Treppenaufbaus.

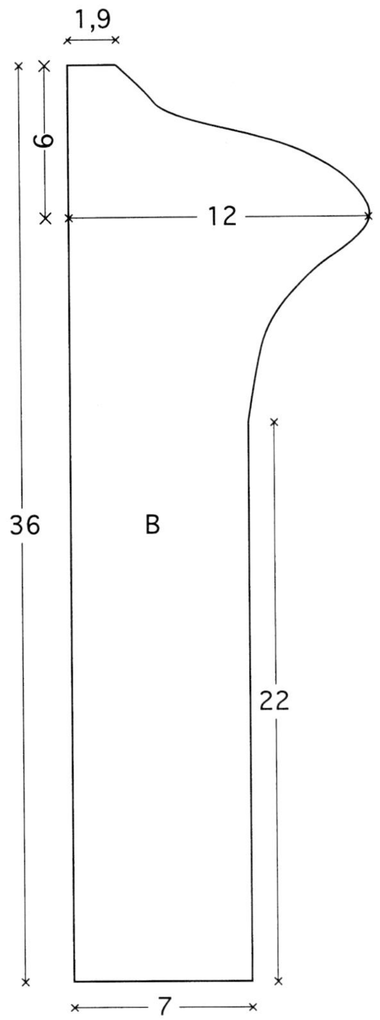

243 Linkes Seitenteil B.

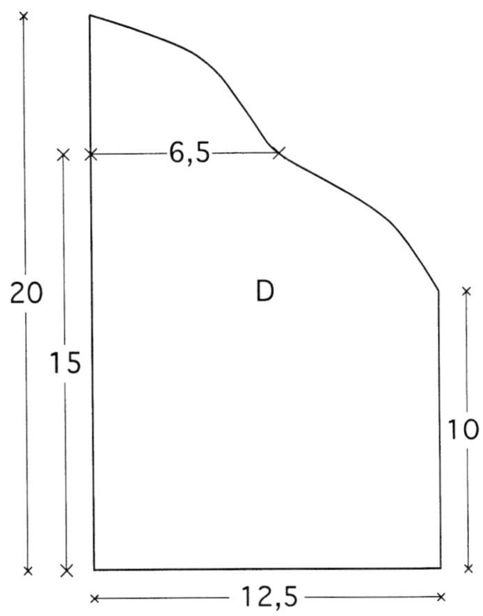

244 Rechtes Seitenteil D.

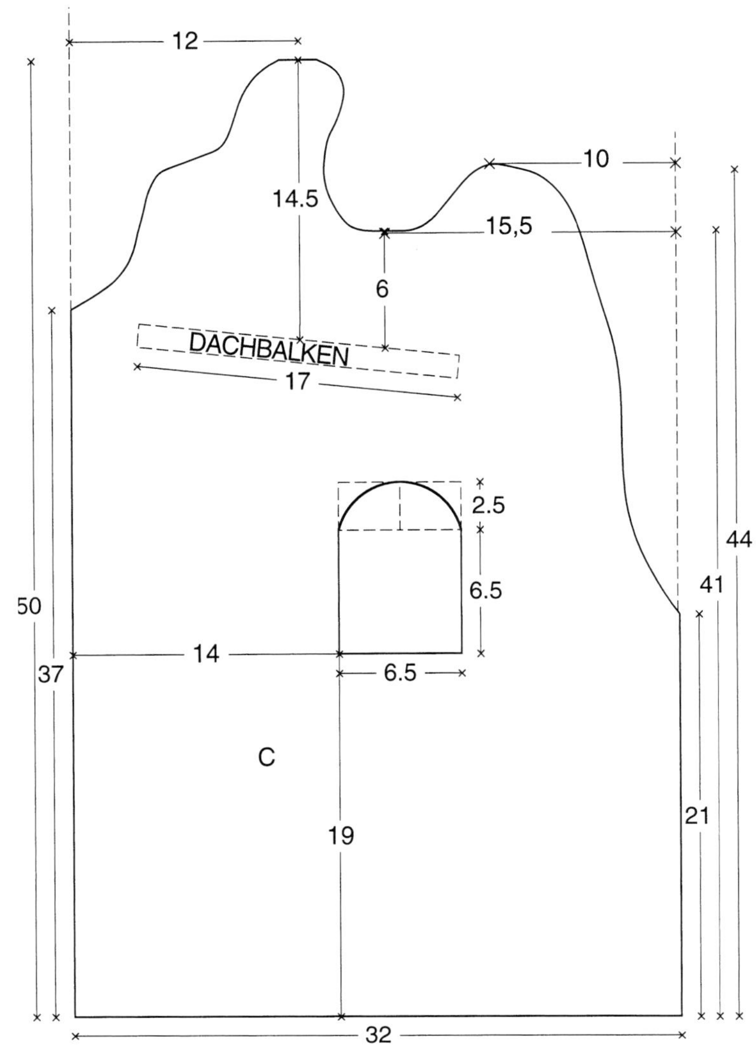

245 Rückwand C.

246 Aufbau der Bodenplatte und der Teile B, C auf der Grundplatte.

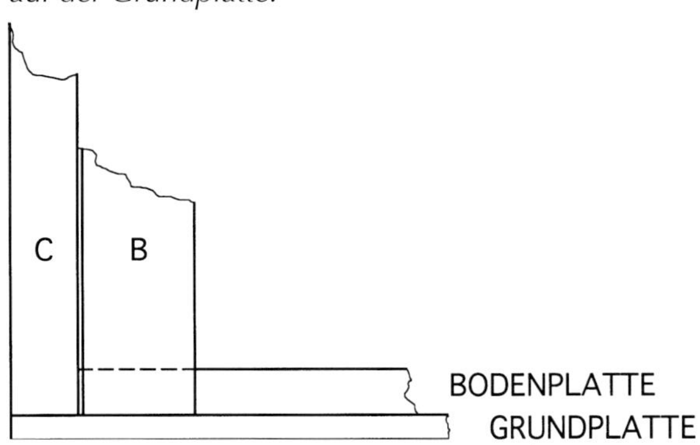

247 Teil D wird an Teil C und auf der Bodenplatte befestigt.

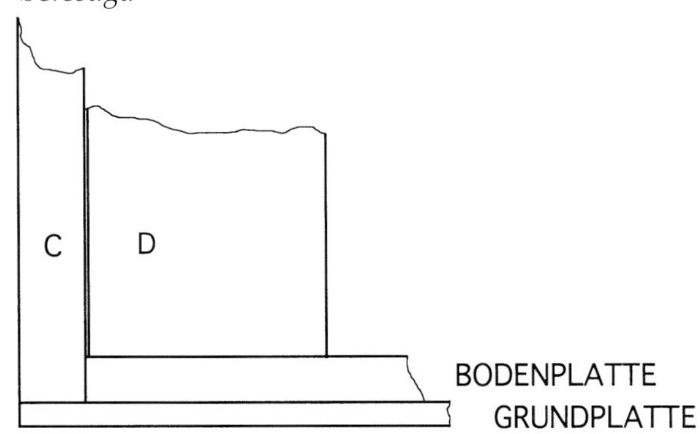

248 Die Umrisse der Bodenplatte werden auf einer 2 cm starken Dämmplatte aufgezeichnet.

SCHRITT FÜR SCHRITT

Zunächst die Grundplatte an den beiden vorderen Enden abrunden. Teil A (Bodenplatte) nach Plan aufzeichnen und ausschneiden. Um eine Treppe anzudeuten, Vertiefung in der Platte mit der Kneifzange herausarbeiten. Auf die Aussparung für Teil B achten.

249 Die ausgeschnittene Bodenplatte mit entsprechenden Rundungen.

250 Die Vertiefung der Treppe wird mit einer Kneifzange herausgearbeitet.

Die drei Seitenteile (B, C, D) bestehen jeweils aus einer Sperrholz- und Styroporplatte. Auf Teil C 1 Umriß nach Plan aufzeichnen, dann einschließlich der Fensteröffnung ausschneiden; ebenso Teil C 2 (Styroporplatte). Beide Teile zusammenleimen. Bis der Leim durchgetrocknet ist, empfiehlt es sich, die Teile zu beschweren oder mit Schraubzwingen zusammenzuhalten. Entsprechend werden die Wände B und D gefertigt. Danach die Teile B, C und D zusammenfügen (Leim, evtl. mit Nägeln verbinden) und unter Berücksichtigung der Bodenplatte auf der Grundplatte befestigen.

251 Die Rückwand für Teil C wird aus Sperrholz gefertigt. Die Fensteröffnung ist auszuschneiden.

252 Auch die Rückwandteile B und D werden aus Sperrholz gefertigt.

253 Zur Aufzeichnung der Umrisse der Vorderseite von Teil C wie auch der Teile B und D wird jeweils das aus Sperrholz gefertigte Teil auf eine Styroporplatte gelegt. ▷

254 Die gefertigten Teile aus Sperrholz und Styropor werden zusammengeleimt; die Fensteröffnung ausschneiden. Es empfiehlt sich, die geleimten Teile zum Trocknen in eine Schraubzwinge zu spannen. ▷▷

255 Seitenansicht der fertigen Teile B und D. ▷

256 Die Teile B, C und D zusammenfügen und unter Berücksichtigung der Bodenplatte auf der Grundplatte befestigen. ▷▷

Für den oberen halben Mauerbogen werden aus Styropor- oder Styrodurstreifen steinförmige Teile geschnitten und aufgeklebt. Dasselbe geschieht beim Fensterrahmen, wobei zu beachten ist, daß der Schlußstein in der Mitte der Umfassung keilförmig und größer als die anderen Steine ist. Das Gesims besteht aus einem Kantholz, das angenagelt wird. Zur Verdeutlichung der Steinfugen werden vor dem Anbringen die vorderen Kanten der einzelnen Steine mit dem Schnitzmesser gebrochen.

Damit die Krippe auch »ruinenmäßig« aussieht, bringen wir in der linken Ecke zwei Streifen (ca. 4,0 × 8,0 × 0,5 cm) Styrodur an, die über Eck am Mauerteil B und C angeleimt werden, und zwar in einer Höhe von 5,0 cm (von der Geländeplatte aus gemessen). Das Mauerwerk mit dem Messer oder dem Elektrobrenner herausarbeiten.

Nun wird alles mit Krippenmörtel verputzt, wobei man bedenken sollte, daß die angedeutete Mauer auf C und B nur leicht aufgeputzt wird, um Fugen besser gestalten zu können.

Um im rechten unteren Teil von C abgesprungenen Mauerputz zu erzielen, wird auf einer unregelmäßigen Fläche von ca. 10,0 × 6,0 cm etwas mehr Putz aufgetragen; dabei den Übergang zum normalen Putz ausgleichen. Wenn der Putz leicht getrocknet ist, werden die Fugen eingeritzt und alles mit weißer Dispersionsfarbe überzogen.

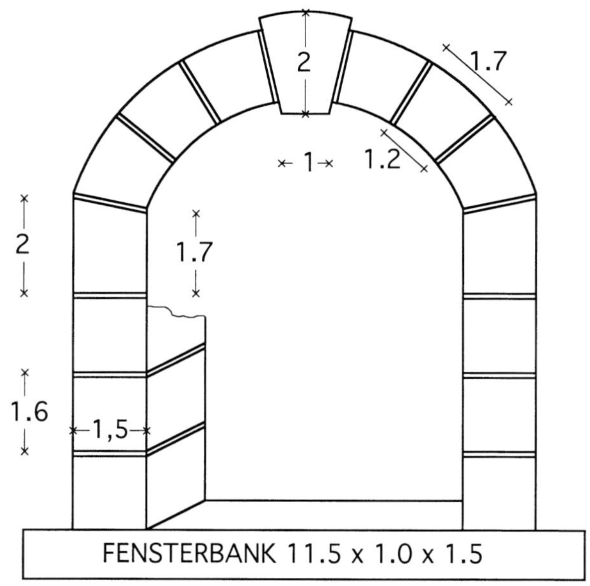

257 Fenster mit Maßangabe für Fensterumrahmung und Fensterbank.

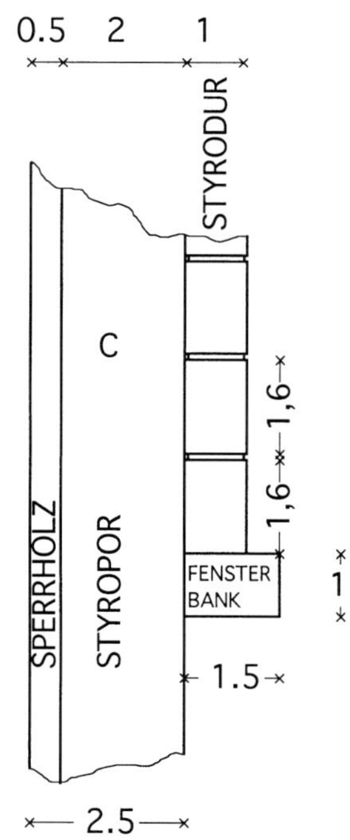

258 Querschnitt durch die Rückwand Teil C mit Fensteraufbau.

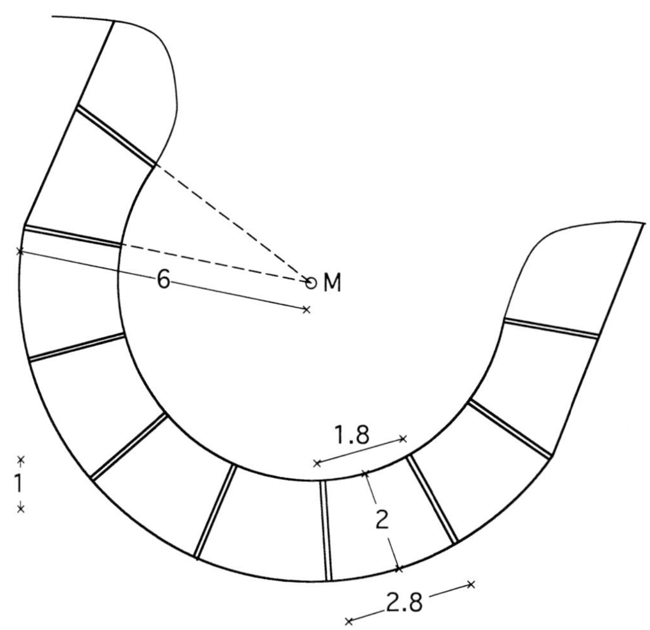

259 Zeichnerische Darstellung des halbverfallenen Mauerbogens.

260 Für den oberen halben Mauerbogen und die Fenstereinrahmung werden aus Styropor oder Styrodur steinförmige Teile geschnitten und auf Teil C aufgeklebt.

261 Die orientalische Ruinenkrippe im Rohbau.

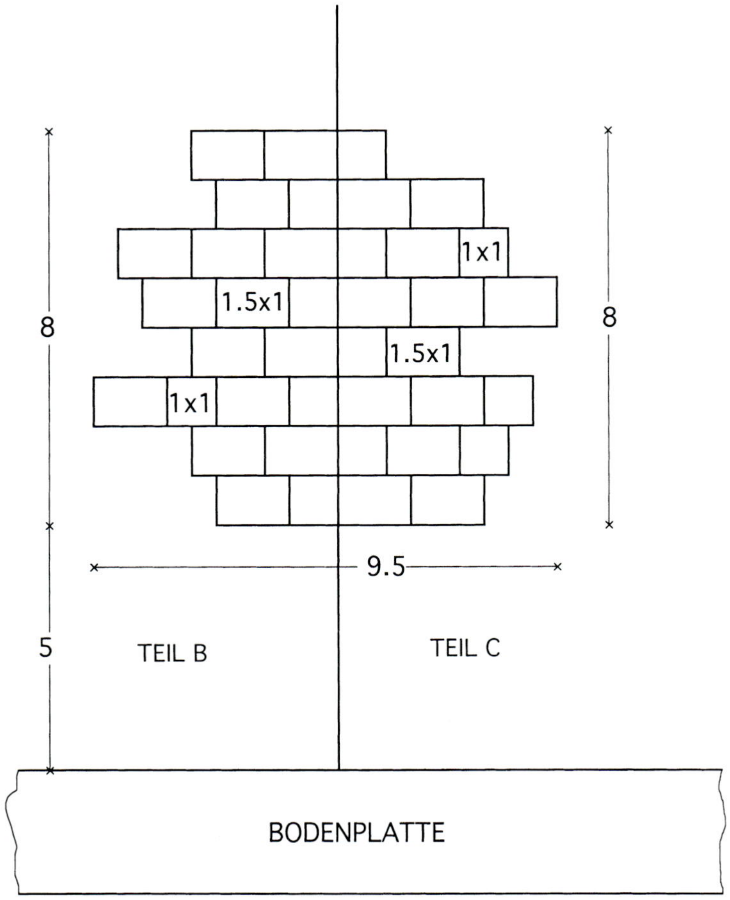

◁ 262 Mauerputzschaden in der Ecke von Mauerteil B und C.

263 Mauerputzschaden im rechten unteren Teil der Rückwand C. ▽

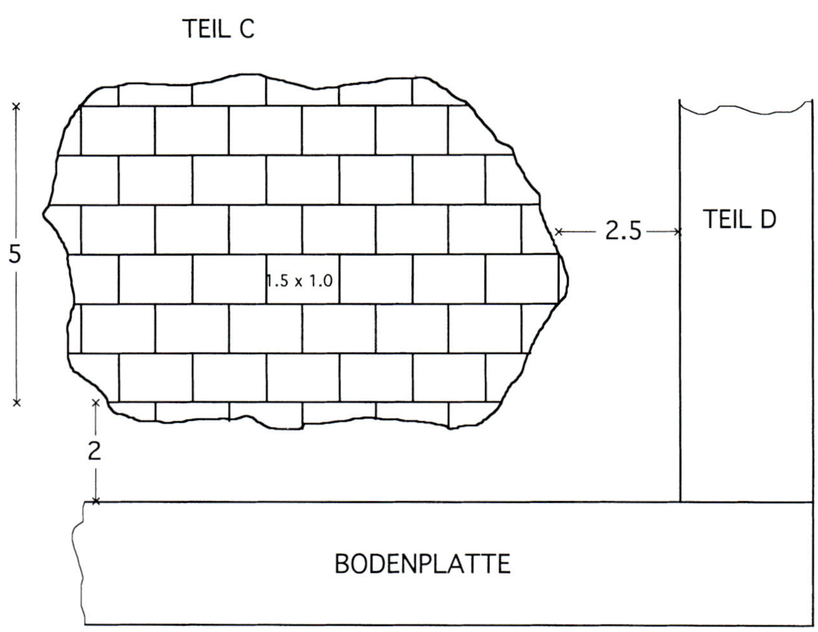

264 Die beiden Mauerputzschäden werden auf Styrodurstreifen (0,5 cm stark) aufgezeichnet, das Mauerwerk mit dem Messer oder Brennstab herausgearbeitet und an vorgesehener Stelle aufgeleimt.

265 Mit Krippenmörtel wird nun die ganze Krippe verputzt, wobei der Übergang zu den Mauerputzschäden mit etwas mehr Putz ausgeglichen wird.

266 Als Auflage für das Dach wird der angefertigte Dachbalken (vgl. Abb. 270) auf Teil C (Rückwand) befestigt. ▷

267 Ist der Putz gut durchgetrocknet, wird alles, bis auf den Dachbalken, mit weißer Dispersionsfarbe angestrichen. Der Balken wird auf »alt« gebeizt. ▷▷

Zur Fertigung des Daches benötigen wir Leistchen in unterschiedlicher Breite (1,8 bis 2,0 cm) und einer Stärke von 0,4 bis 0,5 cm. Um die Leistchen auf die ungleichmäßige Breite zu bringen, schnitzen wir sie entsprechend zu.

Für die Dachfläche von einer Länge von ca. 21 cm und einer Breite von ca. 15,0 bis 15,4 cm nehmen wir zwei Leisten (18,5 cm Länge und 2,0 cm Breite) und leimen darauf die vorbereiteten Dachbrettchen in einer immer größeren Länge (Beginn ganz links: 15,0 cm; Ende ganz rechts: 15,4 cm) an, wobei zu berücksichtigen wäre, daß die hintere Kante gerade verläuft. Als Abschluß kleben wir zwei Leistchen, schräg von oben nach unten verlaufend, auf die Dachoberfläche.

Bei der Befestigung des Daches auf Teil B wird so verfahren: Die linke obere Ecke der Dachfläche an Teil B und C anpassen und schräg vom hinteren Ende von Teil B beginnend auf Teil C ein Kantholz (17,0 × 2,0 × 1,4 cm) leimen und annageln. Zuvor die Kante brechen und auch die Dachneigung beachten. Um eine bessere Leimbindung zu erreichen, wird die obere Kante des Balkens abgeschrägt.

Nach Abtrocknen der Dispersionsfarbe wird die Krippe mit Erdfarben behandelt.

Bevor das Dach angebracht wird, sollte es gebeizt werden. Dachrand und Mauer mit Moos versehen; Strauchwerk und Palmen beleben die orientalische Krippenszene.

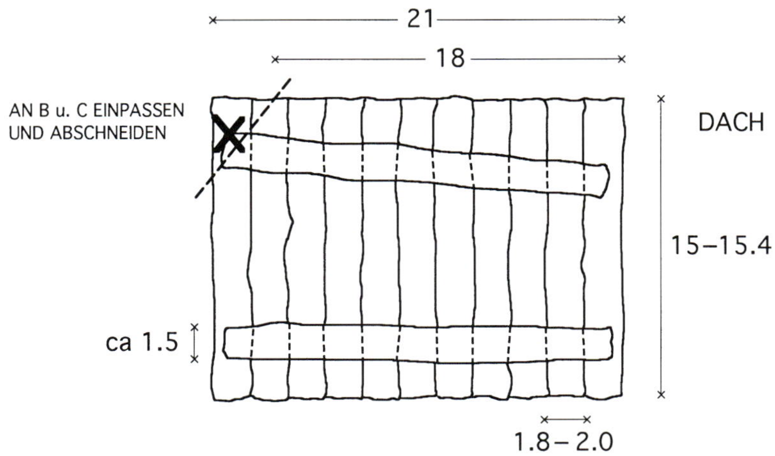

268 Zeichnerische Darstellung des Daches.

269 Für das Dach werden ungleichmäßig breite und lange Brettchen auf zwei längsliegenden Leisten aufgeleimt. Die Kanten der Brettchen werden mit einem Messer gebrochen.

271 Zur Verfestigung des Daches werden auf seiner Oberfläche zwei schräg von oben nach unten verlaufende Brettchen geleimt. Bevor das Dach angebracht wird, soll es gebeizt werden.

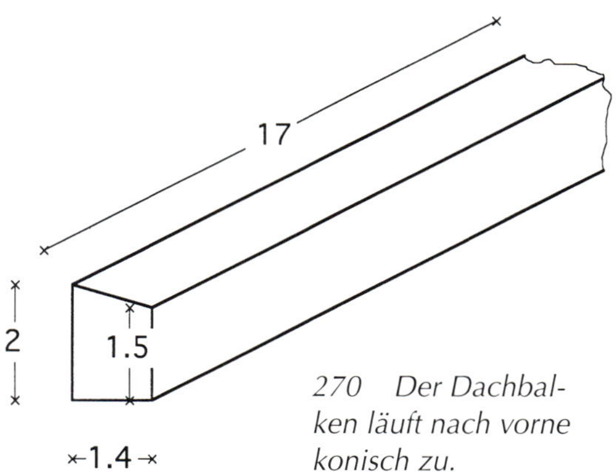

270 Der Dachbalken läuft nach vorne konisch zu.

272 Palmen und Strauchwerk sowie etwas Moos auf Dachwand und Mauer beleben die orientalische Krippenszene.

ORIENTALISCHE KRIPPE

Die orientalische Krippe erlebte einst eine große Verbreitung in den Wohnungen. Die Sehnsucht nach dem Heiligen Land beflügelte die Phantasie. Das ist auch heute noch so. Landschaft, Gebäude, Palmen versetzen den Betrachter in die Zeit Christi. Händler, Hirten mit ihren Herden, Wasserverkäufer, Geschichtenerzähler, Kinder beleben die morgenländische Szenerie, in deren Mittelpunkt freilich die Höhle mit der Darstellung der Heiligen Familie steht.

273 Im Mittelpunkt der orientalischen Krippe befindet sich die Geburtshöhle, umgeben von morgenländischer Szenerie.

MATERIAL UND MASSANGABEN

Für die Grundplatte, den Unterbau Haus 1, die Teile A bis U und die Dächer (soweit nicht anders angegeben) wird jeweils 1,0 cm starke Spanplatte verwendet.

Grundplatte: 86 × 68 cm

Haus 1:
Unterbau 25 × 25 cm
Streifen ca. 100 cm × 8,0 cm Spanplatte (1,0 cm stark)
A: 12 × 22 cm
B: 13 × 22 cm
C: 12 × 22 cm
D: 13 × 22 cm
Dach: 15,5 × 16,5 cm
Leistchen (1,5 × 0,5 cm): ca. 65 cm
Leistchen (0,8 × 0,5 cm): ca. 65 cm
Styrodur-Block: 11 × 11 × 5,0 cm

Haus 2:
E: 15 × 35 cm
F: 10 × 35 cm
G: 15 × 35 cm
H: 10 × 35 cm
Dach 1: 18 × 15 cm
Dach 2: 10 × 13 cm
Zwischenboden: 13 × 10 cm Sperrholz (0,4 cm stark)
Leistchen (1,0 × 1,0 cm): ca. 40 cm
Balkon: 7,0 × 3,5 cm
Sperrholz (0,4 cm stark)
ca. 20 × 3,5 cm
Sperrholz (0,4 cm stark)
Styrodur-Block: 10 × 10 × 4 cm

Haus 3:
J: 15 × 33 cm
K: 13 × 33 cm
L: 15 × 33 cm
M: 13 × 33 cm
Dach: 17 × 19 cm
Brüstung: 60 × 3 cm Spanplattenstreifen (1,0 cm stark)
Leistchen (1,5 × 0,5 cm): 60 cm
Leistchen (0,8 × 0,5 cm): 60 cm
Zwischenboden: 13 × 11 cm Sperrholz (0,4 cm stark)
Leistchen: (1,0 × 1,0 cm): ca. 50 cm

Aufsatz auf Haus 3:
Grundplatte: 14 × 12 cm Sperrholz (0,4 cm stark)
J1: 12 × 16 cm
K1: 14 × 16 cm
L1: 12 × 16 cm
M1: 14 × 11 cm
Dach: 16 × 15 cm Sperrholz (0,4 cm stark)
Wellpappe: 7 Streifen (15 × 3 cm)
Zahnstocher

Haus 4:
N: 18 × 17 cm
O: 15 × 17 cm
P: 18 × 17 cm
Q: 15 × 17 cm
Dach: 18 × 21 cm
Brüstung: 60 × 4 cm Styrodur- oder Spanplattenstreifen (1,0 cm stark)
Leistchen (1,5 × 0,5 cm) : 60 cm
Leistchen (0,8 × 0,5 cm) : 60 cm

Haus 5:
R: 15 × 32 cm
S: 7,5 × 32 cm
T: 7,5 × 32 cm
U: 15 × 32 cm
Dach: 18 × 11 cm
Zinnen: 15 × 3 cm Styrodurstreifen (1,5 cm stark)
Bogenband: 3,5 × 34 cm Sperrholz / Styrodur (0,5 cm stark)
Leiste 40 × 0,5 × 0,5 cm

Mauer:
43 × 16 cm Sperrholz (0,4 cm stark)
43 × 16 cm Styrodur (1,0 cm stark)

Brunnen:
ca. 25×5,0 cm Styrodurstreifen (1,0 cm stark)

Höhle:
Styropor in verschiedenen Stärken

Unterbau für die Häuser 2, 3 und 4:
ca. 38 × 49 cm Sperrholz (0,4 cm stark)
Spanplattenstreifen ca. 200 × 3,0 cm (1,0 cm stark)

Gelände:
Dämmplatten und Styropor in verschiedenen Stärken
Sperrholz (0,4 cm stark) für Türen
Leim
Krippenmörtel
Erdfarben: Goldocker hell, Ocker dunkel, Umbra grün, Kalk echt mit Goldocker gemischt, Grün, Ziegelrot (für das Dach Aufbau Haus 3)
Dispersionsfarbe (weiß)

Figurengröße: 10 cm

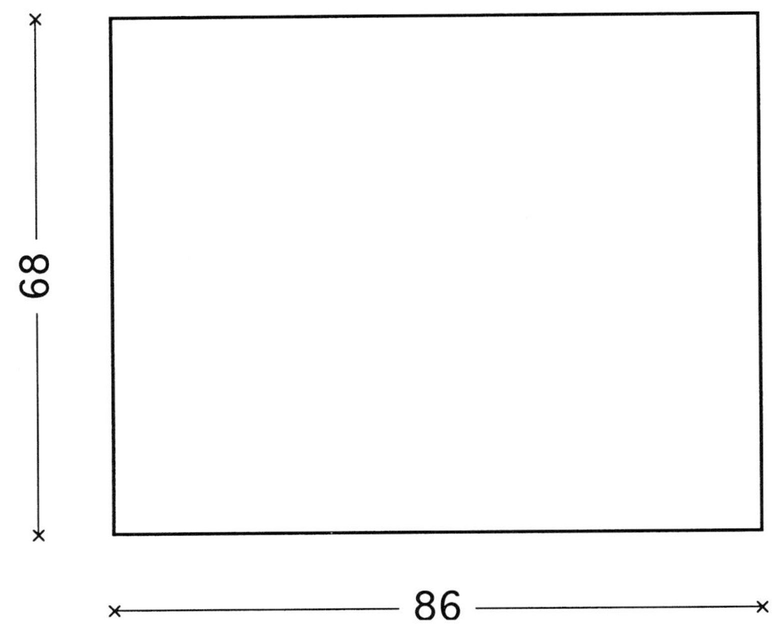

274 Die Grundplatte.

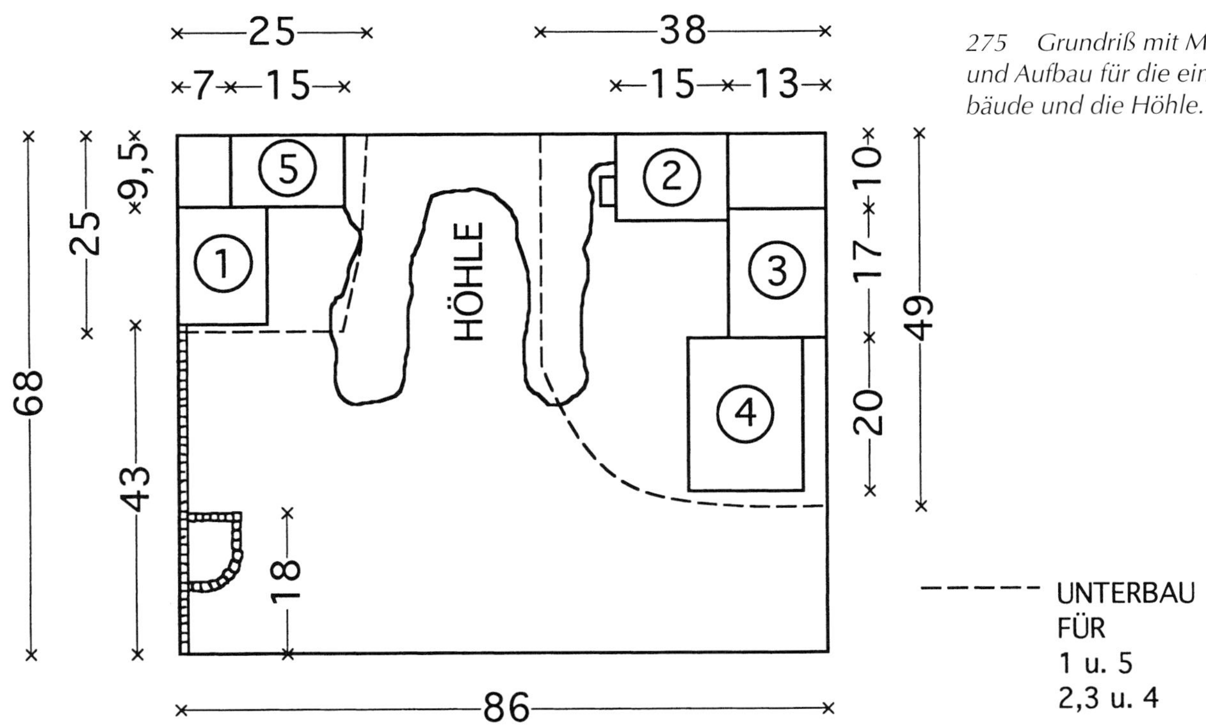

275 Grundriß mit Maßangaben und Aufbau für die einzelnen Gebäude und die Höhle.

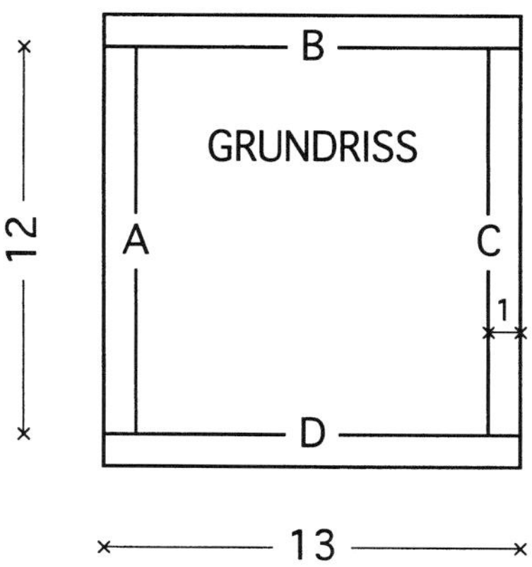

276 Grundriß für Haus 1.

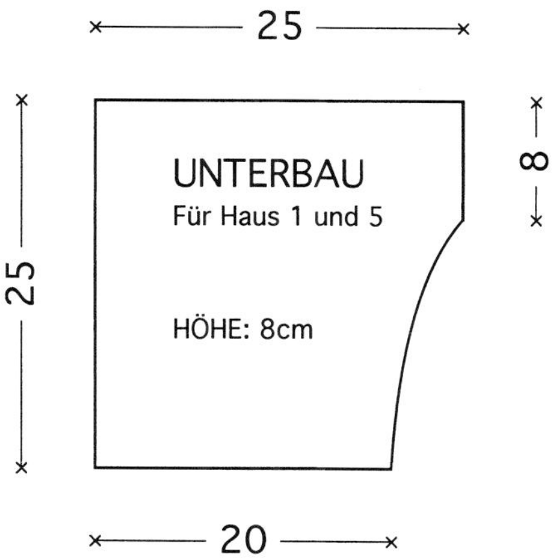

277 Die Grundplatte für den Unterbau (Haus 1 und 5) steht auf 8 cm hohem Sockel aus Spanplattenstreifen.

SCHRITT FÜR SCHRITT

Zunächst den Unterbau wie in den Zeichnungen angegeben für die Häuser 1 bis 5 fertigen.

Haus 1: Die Teile A, B, C und D aus der Spanplatte (1,0 cm Stärke) einschließlich Tür- und Fensteröffnung ausschneiden und zusammenleimen. Dann das Dach aufsetzen und Simsleisten unter dem Dach anbringen. Aus Styrodur eine Kuppel (Durchmesser 11 cm, Höhe 5,0 cm) fertigen, mit Schleifpapier nacharbeiten und auf dem Dach anbringen.

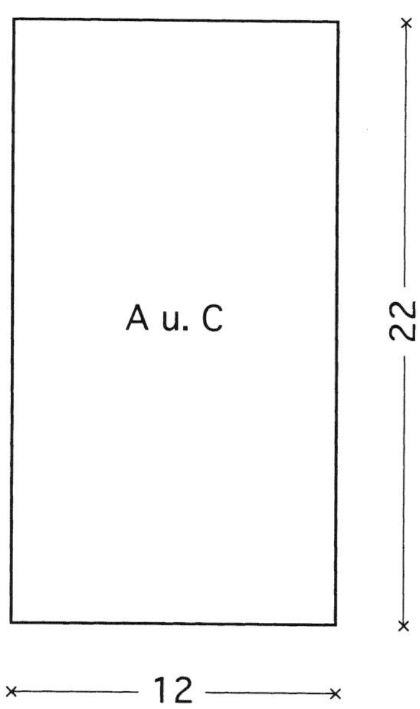

278 Die Teile A und C sind gleich groß.

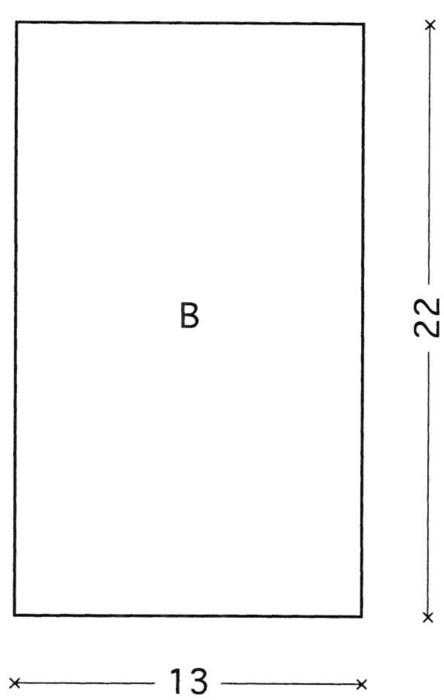

279 Die Rückwand von Haus 1 (Teil B).

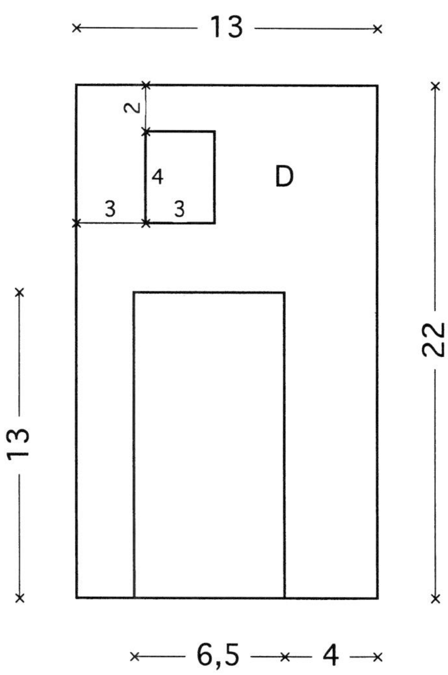

280 Vorderwand D mit Tür- und Fensteröffnung.

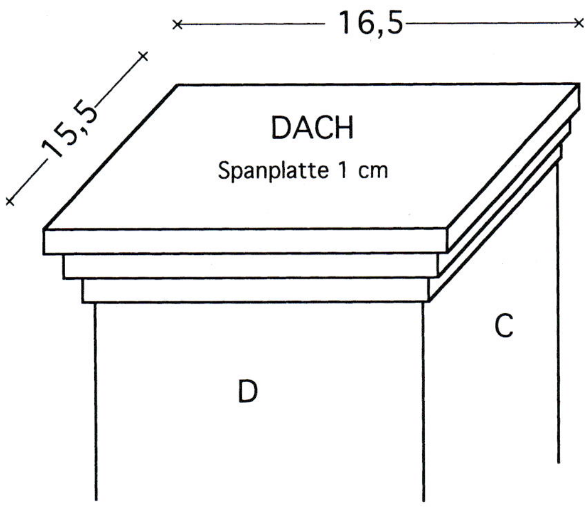

281 Dach für Haus 1.

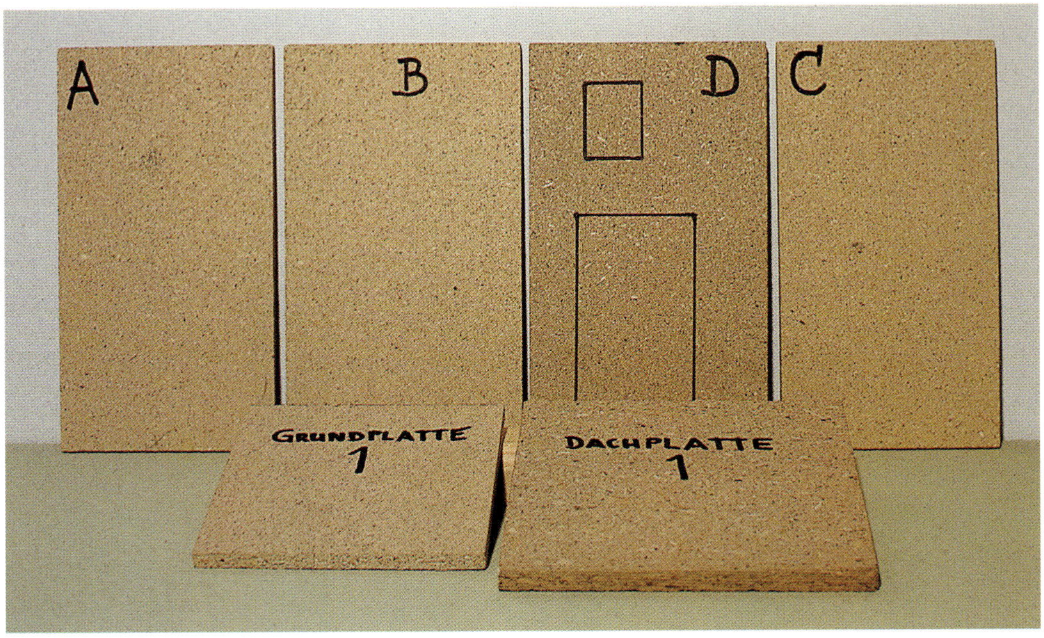

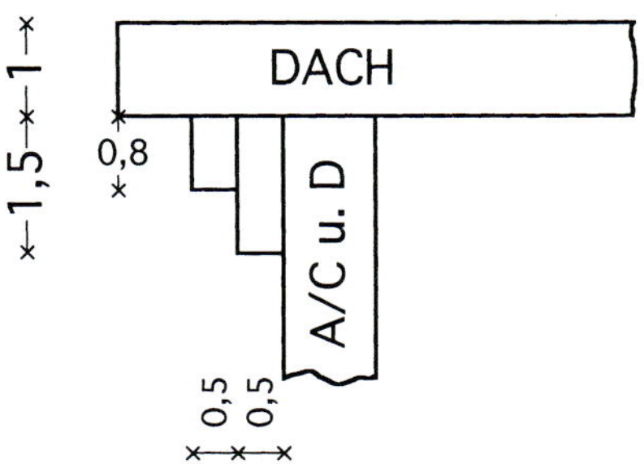

282 Unterhalb des Daches wird auf A, D und C eine Leiste angebracht und auf diese eine weitere Leiste aufgesetzt.

284 Die Grundplatte und das Dach sowie die Teile A, B, C und D werden aus einer Spanplatte gefertigt.

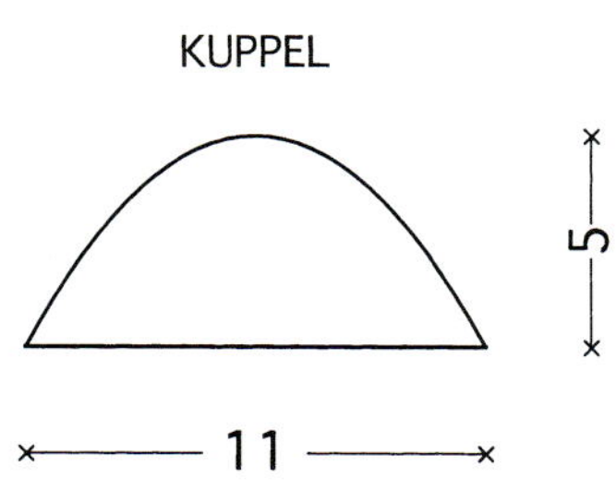

283 Die Dachkuppel im Längsschnitt.

285 Die vorgefertigten Teile werden zusammengeleimt, die zwei Leisten unterhalb des Daches auf A, D und C geleimt und die Kuppel auf die Dachmitte aufgesetzt.

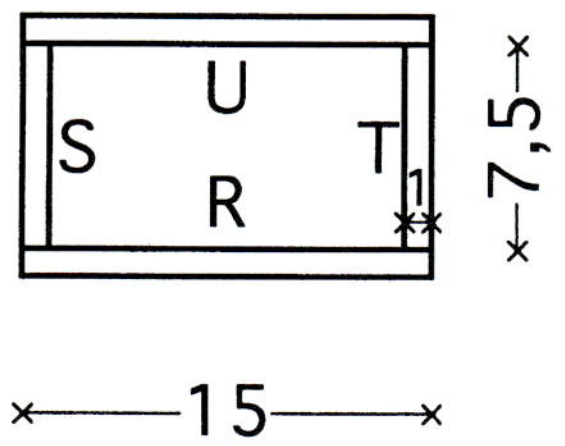

286 Grundriß (Bodenplatte) für Haus 5.

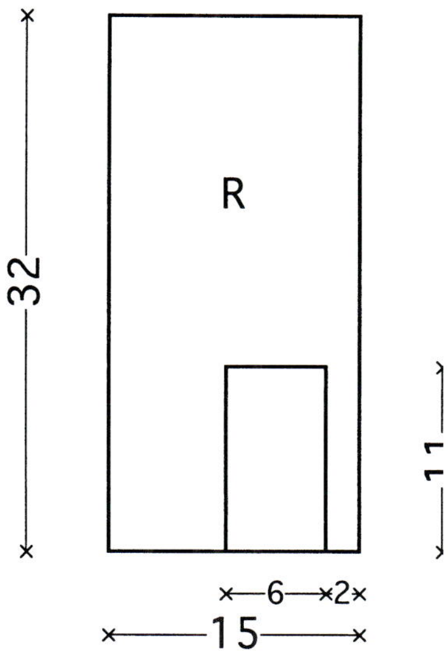

287 Teil R mit Tür. ▷

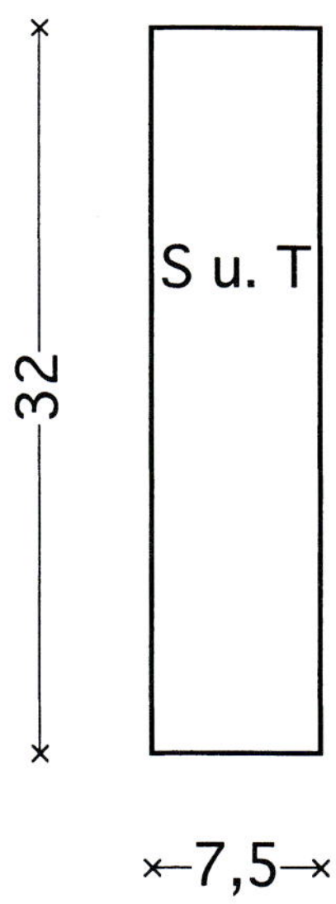

288 Die Seitenteile S und T sind gleich groß.

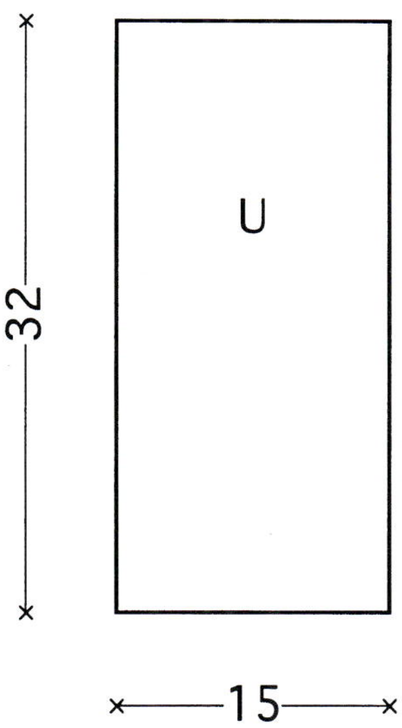

289 Rückwand Teil U.

Haus 5: Die Teile R, S, T und U unter Berücksichtigung der Türöffnung fertigen und zusammenfügen. Dachfläche aufsetzen. Das Bogenband wie in der Zeichnung zuschneiden und unter dem Dach auf die Teile R, S und T aufkleben. Dann die Leiste anbringen. Anschließend die Zinnen aus Styrodur fertigen und an der linken und rechten Vorderkante des Daches in einem Abstand von jeweils 0,5 cm befestigen.

290 Die Teile R, S, T und U werden zusammengeleimt und auf der Bodenplatte befestigt. Auf der linken Seite von Teil R ist schon aufgezeichnet, wo Haus 1 angefügt wird.

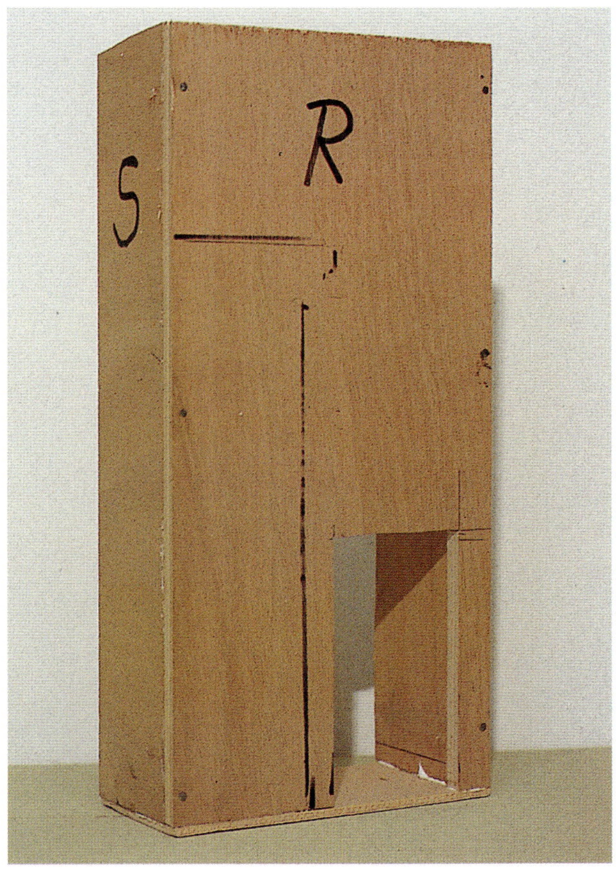

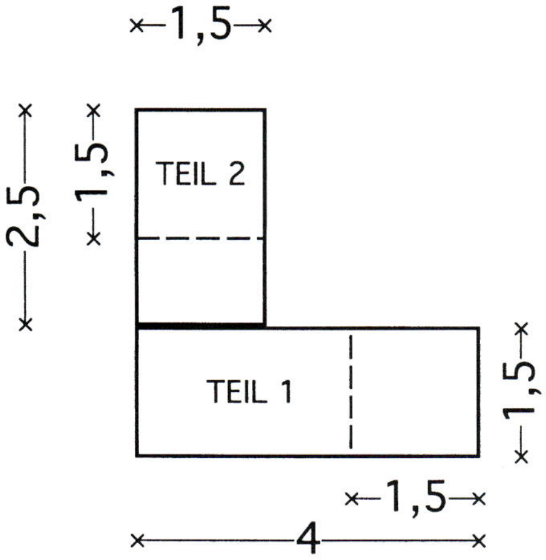

291 *Grundriß für das Zusammenfügen der Zinnenteile 1 und 2.*

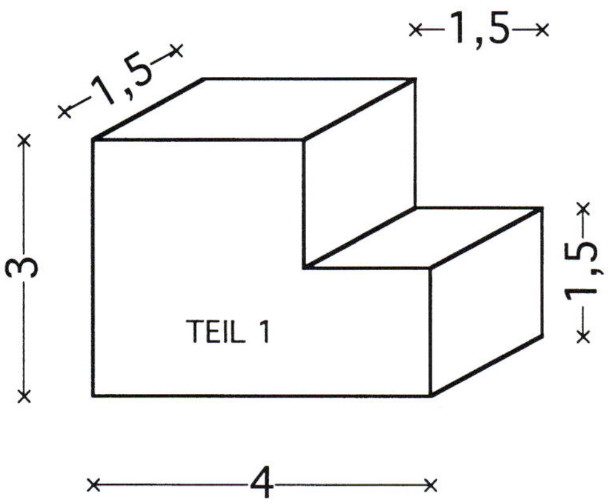

292 *Teil 1 der Zinne, gefertigt aus Styrodur.*

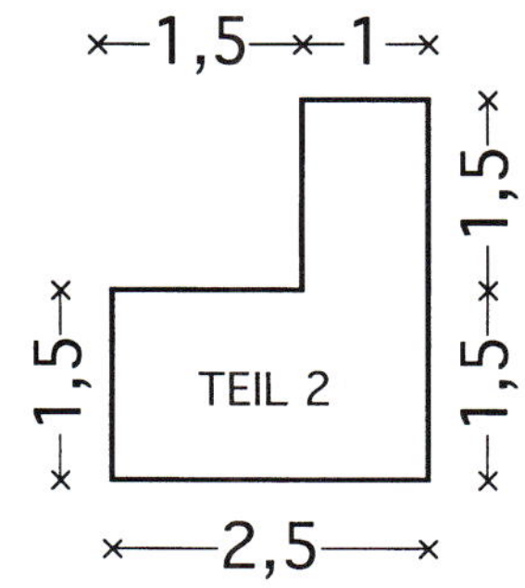

293 *Teil 2 der Zinne, ebenfalls aus Styrodur.*

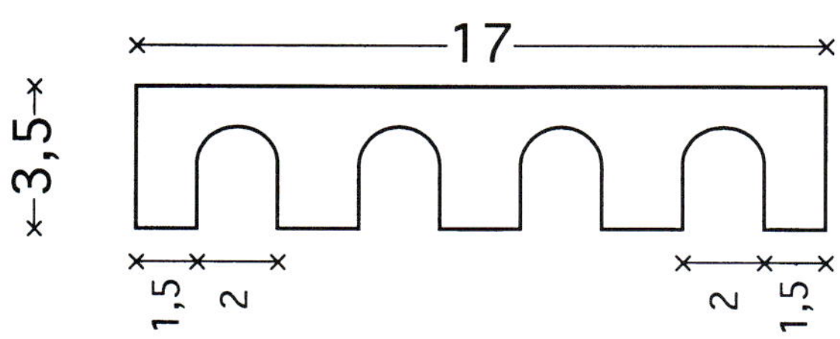

294 *Das Bogenband für Teil R.*

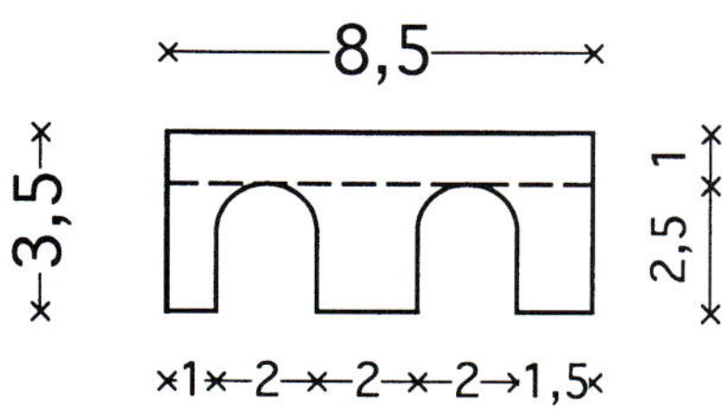

295 *Bogenband zu Teil S und T.*

296 *Die Bogenbänder werden unterhalb des Daches auf die Teile R, S und T geleimt, die Zinnen vorne auf das Dach gesetzt und Haus 1 und 5 verbunden.*

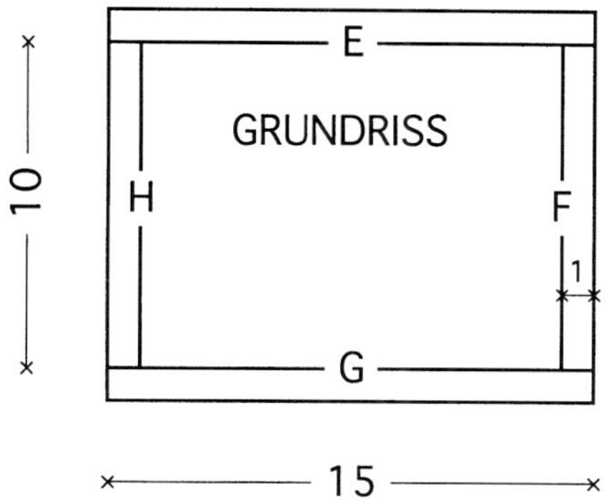

297 Grundriß für Haus 2.

Haus 2: Die Teile E, F, G und H ausschneiden. Auch hier die beiden Türöffnungen beachten. Die Teile zusammenleimen und annageln. An den Innenseiten auf Höhe von 14,5 cm für das Aufsetzen des Zwischenbodens (10 × 13 cm, Sperrholz 0,4 cm stark) Leistchen (1,0 × 1,0 cm) anbringen und Zwischenboden einsetzen. Den Balkon nach den angegebenen Maßen herstellen und auf Teil H aufkleben.

Jetzt die beiden Dachteile aussägen, aufeinanderleimen und auf die zusammengefügten Bauteile aufsetzen. Anschließend die beiden Simsleisten unter dem Dach auf Teil G und H ankleben. Zuletzt die Kuppel (Durchmesser 10,0 × 10,0 cm, Höhe 4,0 cm) aus Styrodur ausschneiden und auf Dachfläche 2 aufleimen.

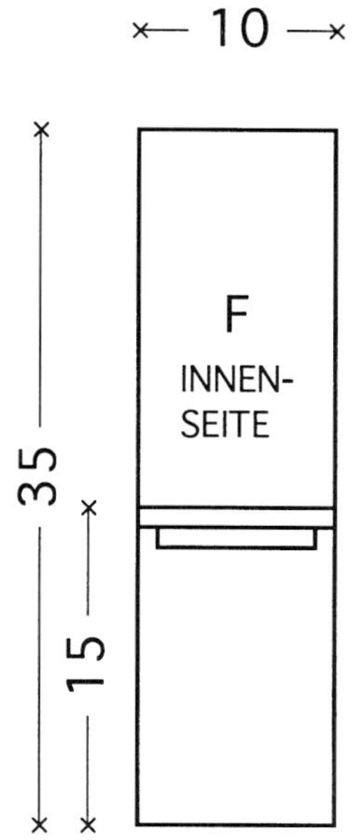

298 Die Teile F und H sind gleich groß. Auf ihren Innenseiten werden für das Aufsetzen des Zwischenbodens Leistchen angebracht. ▷

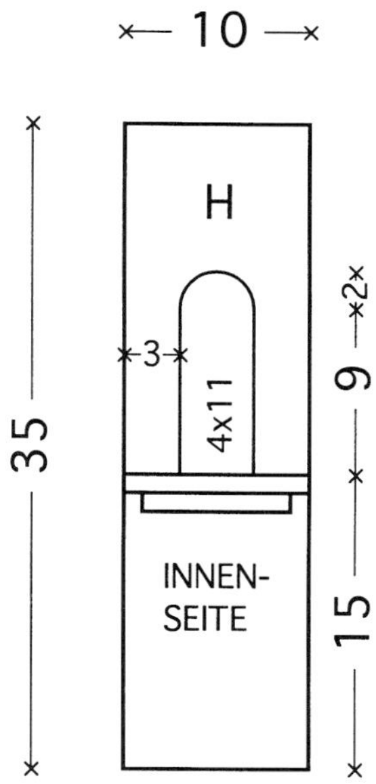

299 Linkes Wandteil H mit Öffnung zum Balkon. ▷ ▷

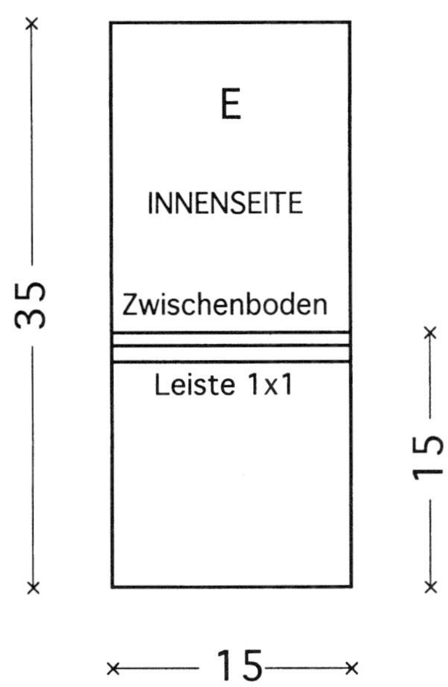

300 Auch auf den Innenseiten von E und G werden als Auflage für den Zwischenboden höhengleich Leistchen aufgeleimt. ▷

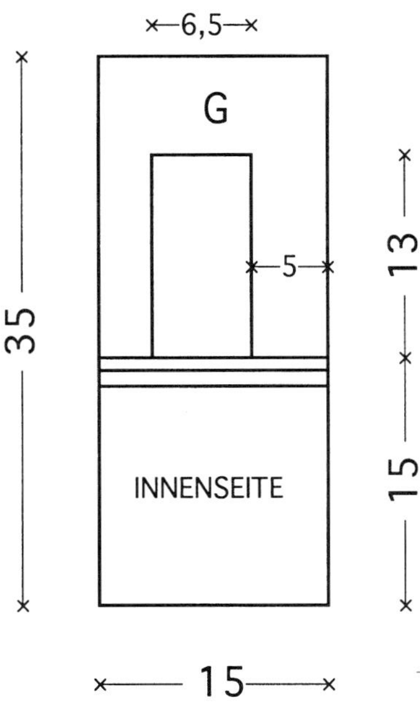

301 Bei Teil G ist eine Tür zu berücksichtigen. ▷ ▷

302 Die zugeschnittenen Teile E, F, G, Dachteil 1 und Dachteil 2 (Teil H fehlt auf der bildlichen Darstellung).

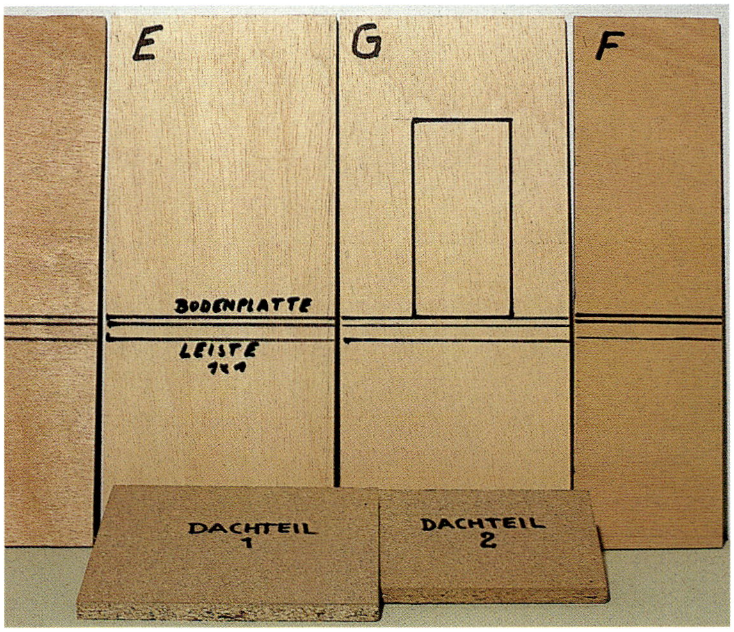

303 An Haus 2 wird seitlich ein Balkon angebracht.

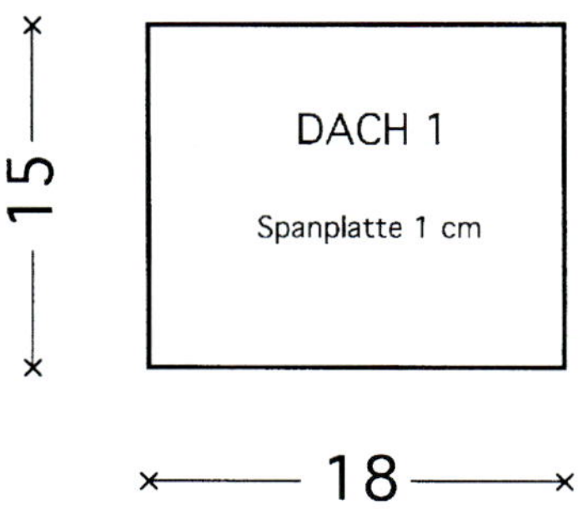

304 Dach 1 wird wie Dach 2 aus einer 1 cm starken Spanplatte gefertigt.

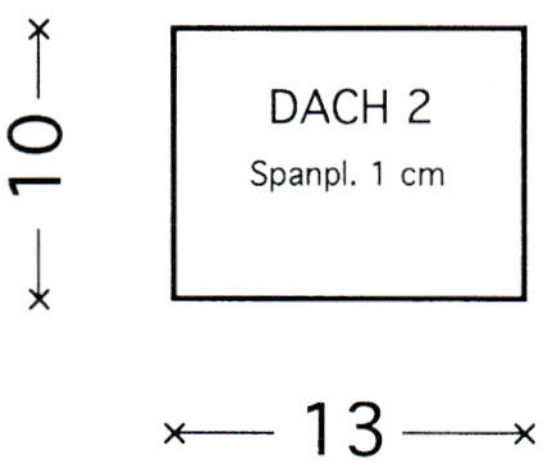

305 Maße für das Dach 2.

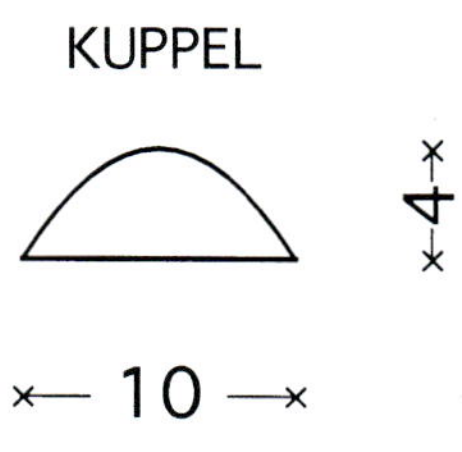

306 Querschnitt der Kuppel. Sie wird aus Styrodur ausgeschnitten und auf die Dachfläche 2 geleimt.

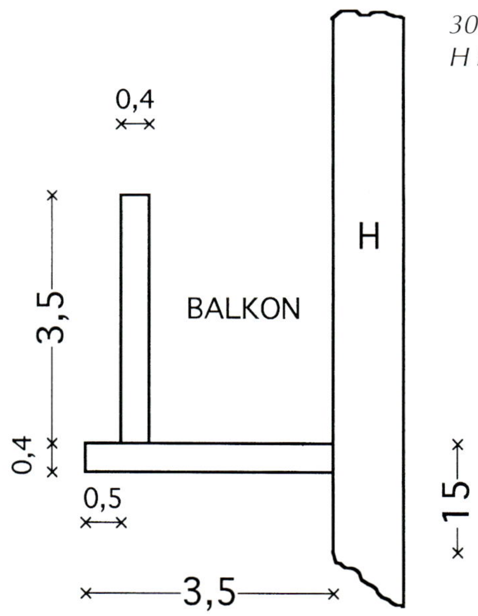

307 Der Balkon wird an Wandteil H befestigt.

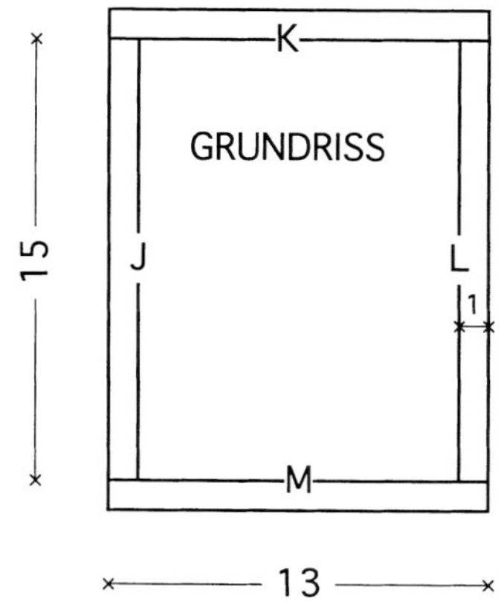

308 Grundriß für Haus 3.

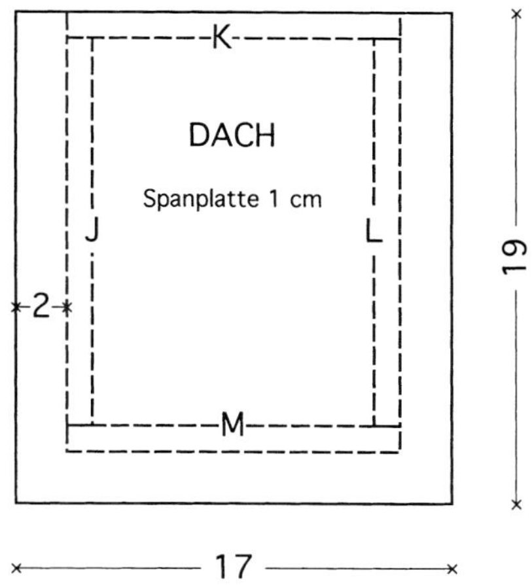

309 Dach aus Spanplatte anfertigen und später darauf den Hausaufsatz J–M aufsetzen.

Haus 3: Die Teile J, K, L und M mit den beiden Türöffnungen aus der Spanplatte ausschneiden, zusammenleimen und annageln. Danach das Dach anbringen. Die beiden Simsleisten auf die Teile J, L und M unter dem Dach aufkleben.

Dann werden die Teile des Aufsatzes auf Haus 3 – J 1, K 1, L 1 und M 1 – aus Spanplatte (Türöffnung beachten) gefertigt, zusammengefügt und auf der Grundplatte (14,0 × 12,0 cm Sperrholz, 0,4 cm stark) befestigt. Der komplette Aufsatz wird anschließend auf der Dachfläche des Hauses 3 angebracht, wobei er 11,0 cm von der vorderen Dachkante (M) des Hauses 3 zurückgesetzt und mit der rechten Dachseite bündig sein sollte. Damit steht der Aufsatz um 6 cm über dem unteren Teil über (vgl. Abbildung).
Dem Aufsatz auf Haus 3 das Dach aufsetzen und die vorgefertigten Wellpapierstreifen aufkleben. Der erste Streifen sollte etwa 3,0 bis 4,0 mm überstehen. Bei den weiteren sechs Streifen rechnet man mit einer Überdeckung von 0,5 bis 1,0 cm.
Zum Schluß noch die Brüstung aus Spanplattenstreifen in einem Abstand von 2,0 cm zur Außenkante des Hauses 3 aufleimen.

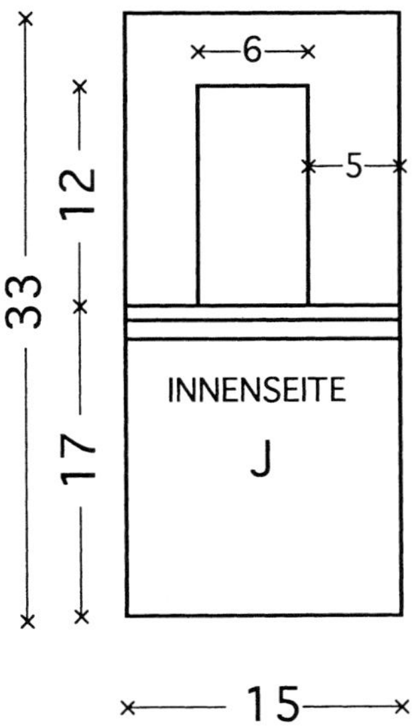

310 Wandteil J mit Tür. Leiste für Zwischenboden auf der Innenseite anleimen. ▷

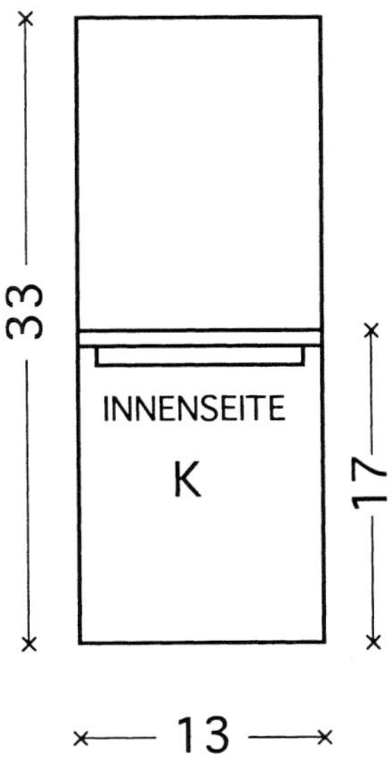

311 Wandteil K. Auch hier auf der Innenseite eine Leiste anbringen. ▷ ▷

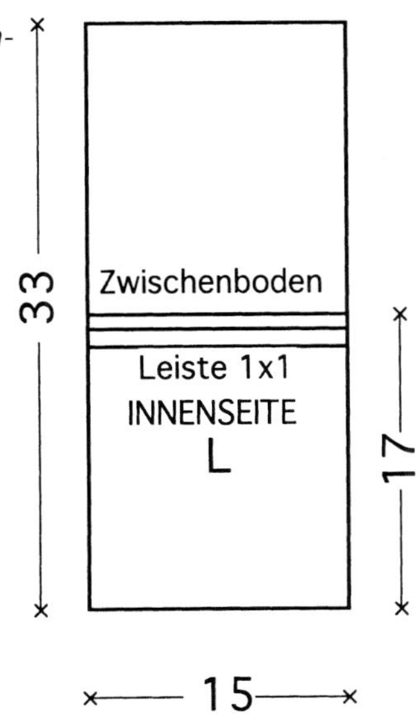

312 Wandteil L mit Leiste an der Innenseite. ▷

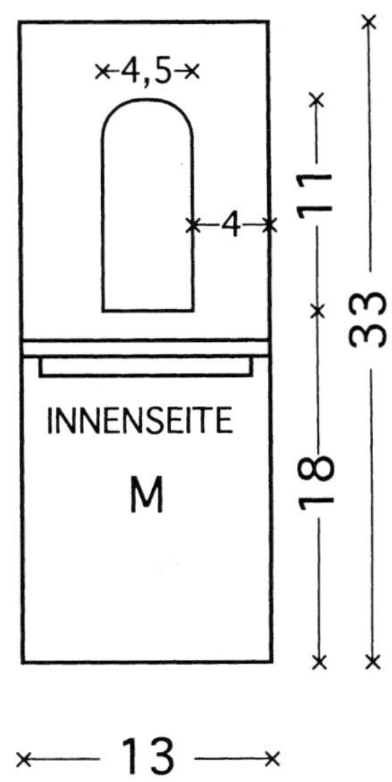

313 Wandteil M mit Tür. Auf der Innenseite eine Leiste als Auflage für den Zwischenboden befestigen. ▷ ▷

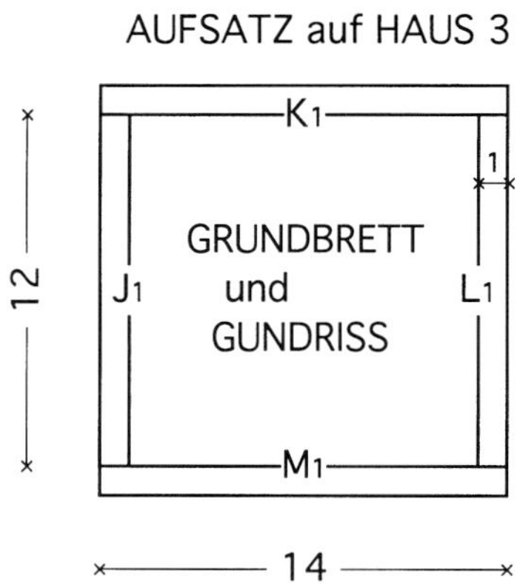

314 Der Grundriß von Haus 3 ist auch das Größenmaß für die Bodenplatte.

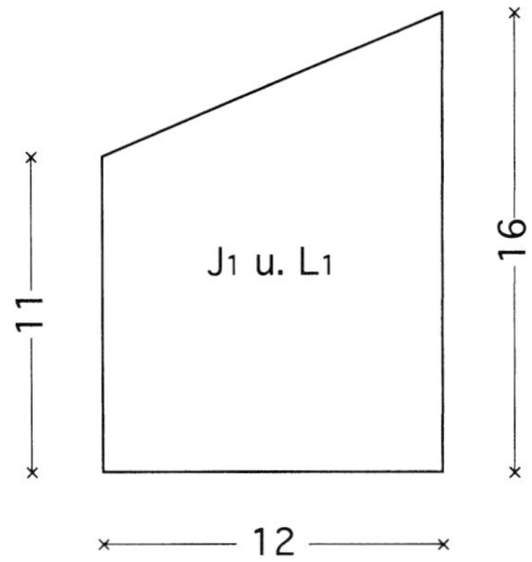

315 Die Wandteile J 1 und L 1 sind gleich groß.

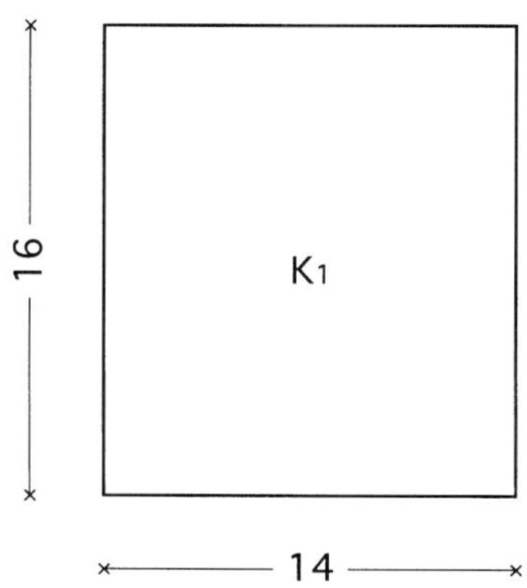

316 Teil K 1 ist die Rückwand des Aufsatzes.

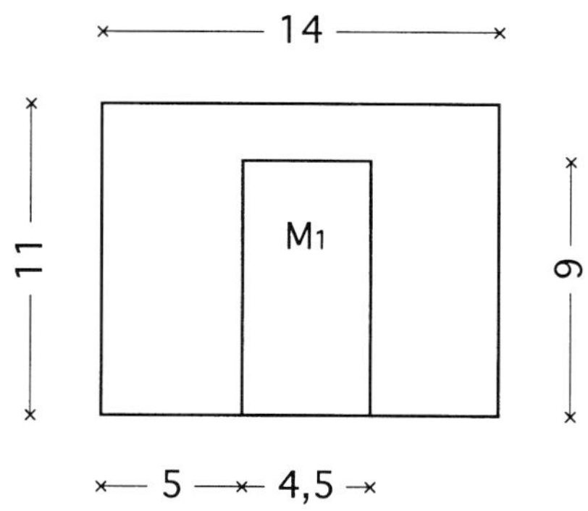

317 Wand M 1 mit der Türöffnung.

318 Querschnitt für die auf das Dach aufzusetzende Brüstung mit den beiden Simsleisten unterhalb des Dachvorsprungs.

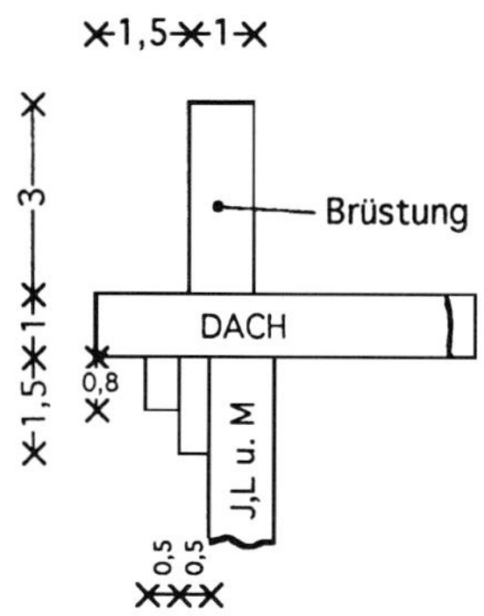

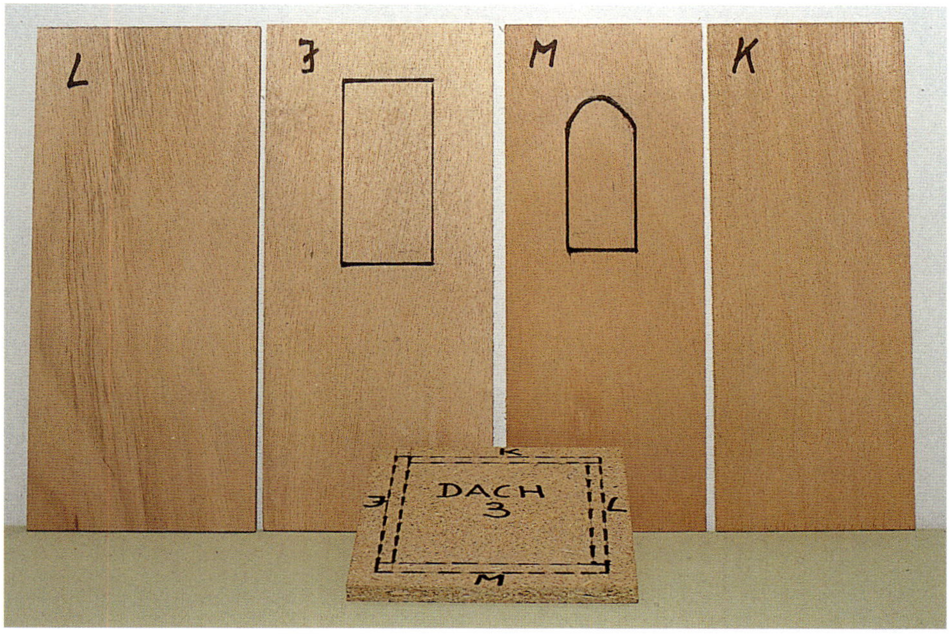

319 Bildliche Darstellung der aus Spanplatte gefertigten Wandteile J, K, L, M und von dem Dach für Haus 3.

320 Die zusammengebauten Häuser 2, 3 und 4 werden als eine Einheit zusammengeleimt und auf dem dazugehörigen Unterbau aufgesetzt und verleimt.

Haus 4: Die Teile N, O, P und Q unter Berücksichtigung der Tür und Fenster aus Spanplatte (1,0 cm stark) aussägen, zusammenleimen und annageln. Das Dach aufsetzen. Die beiden Simsleisten auf die Teile N, P und Q unter dem Dach aufkleben. Auch hier wird eine Brüstung aus Styrodurstreifen auf dem Dach angebracht.
Nachdem die Gebäude soweit gerichtet sind, werden nun die Türen (Sperrholz 0,4 cm stark) gefertigt. Die Türöffnungen von hinten mit Streifen (1,0 cm Breite) aus Spanplattenresten verstärken. Bleibt noch, die Fenster von innen zu verkleiden. Dazu werden sie mit Stramin (als Gitter) oder Stoff hinterklebt.
Jetzt können die Gebäude 1 bis 5 auf dem jeweiligen Unterbau befestigt werden.

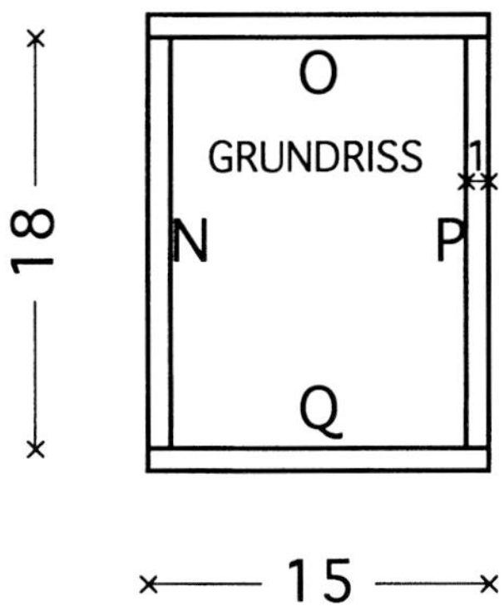

321 Grundriß für Haus 4.

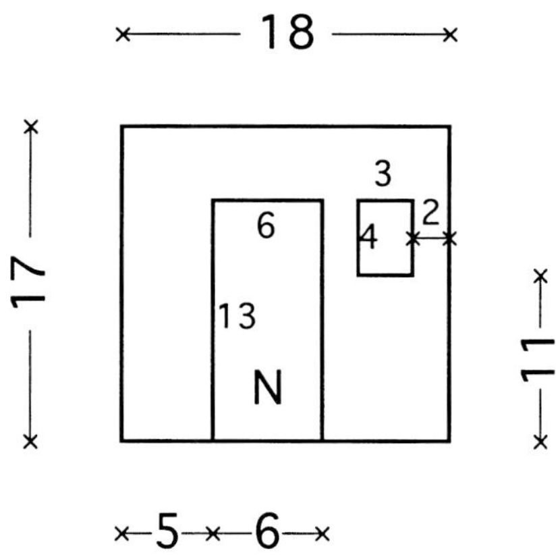

322 Wandteil N mit Fenster und Türöffnung.

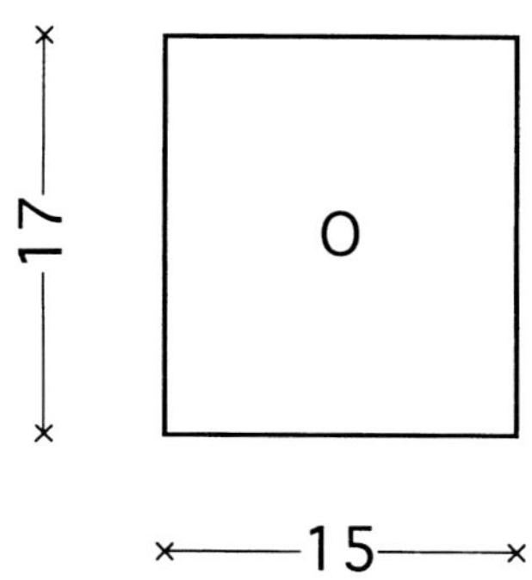

323 Wandteil O wird später mit dem Teil M von Haus 3 verbunden.

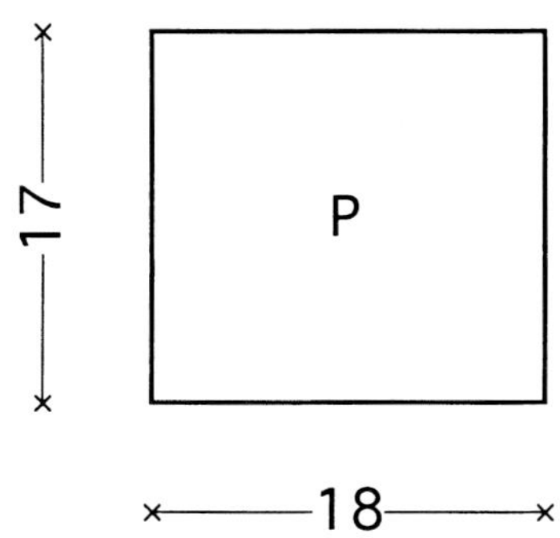

324 Rechte Seitenwand von Haus 4.

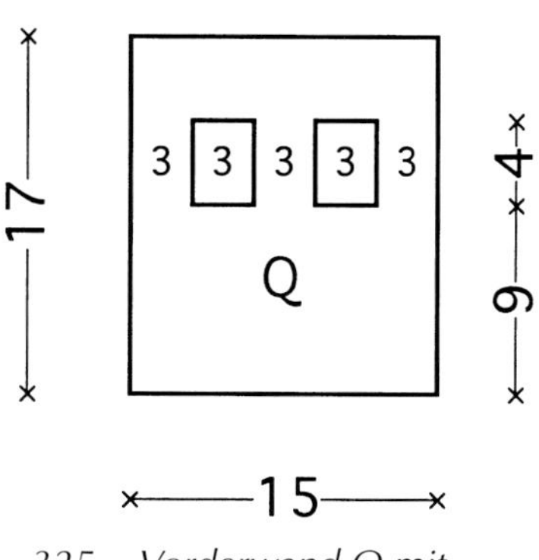

325 Vorderwand Q mit zwei Fensteröffnungen.

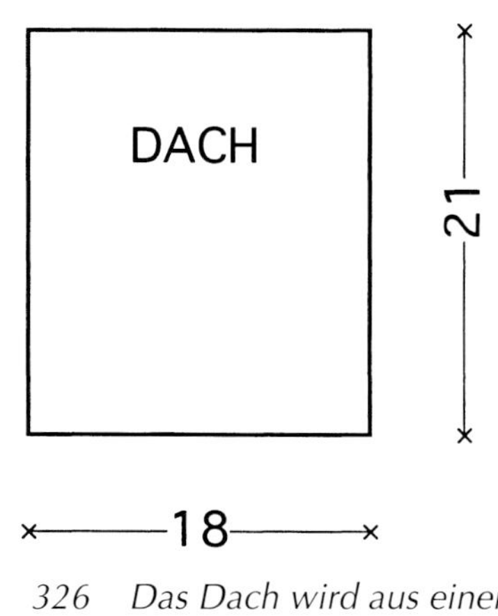

326 Das Dach wird aus einer Spanplatte (1,0 cm stark) angefertigt.

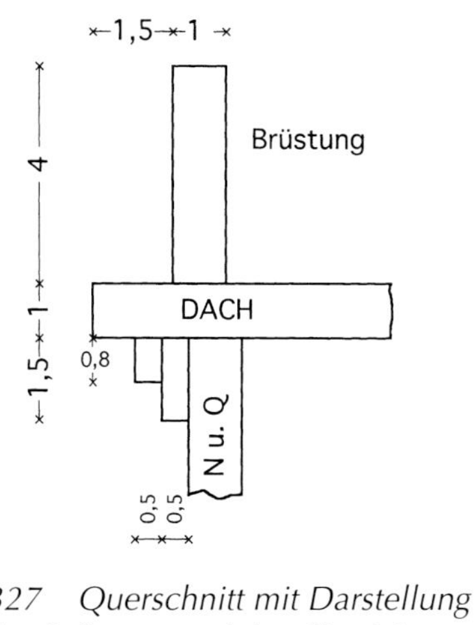

327 Querschnitt mit Darstellung der Brüstung und den Simsleisten.

328 *Bildliche Darstellung der zugeschnittenen Teile N, O, P, Q und dem Dach für Haus 4.*

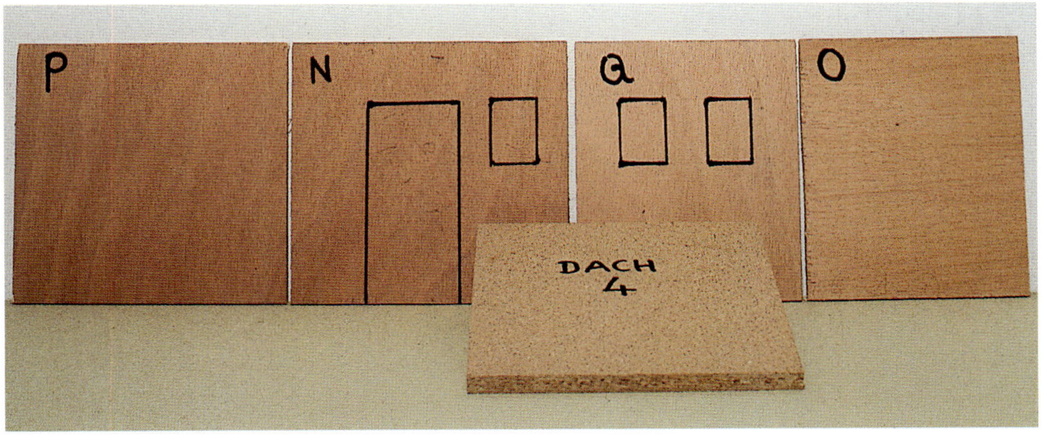

329 *Der Aufgang zum Hauseingang von Haus 2 und 3 erfolgt über eine Treppe. Haus 2 wird mit einer Dachkuppel versehen. Auf dem Dach von Haus 3 und 4 wird eine Brüstung als Dachabschluß aufgeleimt.*

Höhle: Zwischen Haus 5 und Haus 2 wird die Höhle aus Styropor aufgebaut. Außenmaß: ca. 30 cm Breite, 23 bis 25 cm Höhe und ca. 32 cm Tiefe. Innenmaß: 17 cm Breite, 15 bis 19 cm Höhe, 20 bis 24 cm Tiefe. Der Styroporblock läßt sich leicht mit einem Messer auf das gewünschte Format schneiden und brechen.

330 Zwischen Haus 5 und Haus 2, unter Einbeziehung der Treppe zu Haus 2 und 3, wird die Höhle aus Styropor aufgebaut. Bevor die Höhle fertig ausgearbeitet wird, probieren Sie aus, ob die Figuren genügend Platz haben. Gegebenenfalls wird die Höhlenwand dünner aufgebaut.

331 Die Höhle wird nach oben mit größeren Styroporstücken abgeschlossen und links und rechts am Unterbau von Haus 1 und 5 sowie Haus 2, 3 und 4 geländemäßig aufgebaut.

332 Mit Resten von Dämmplatten, Styropor und Styrodur wird das Gelände, einschließlich der Treppenaufgänge, nach eigenen Vorstellungen gestaltet.

333 Mit Krippenmörtel wird die gesamte Krippe verputzt. Nach dem Trocknen erfolgt der Anstrich mit weißer Dispersionsfarbe.

Mauer: Die Mauer nach der Zeichnung erstellen und am linken Rand vom Grundbrett und an Haus 1 anbringen, nachdem sie zuvor an den Unterbau von Haus 1 und 5 angepaßt wurde.

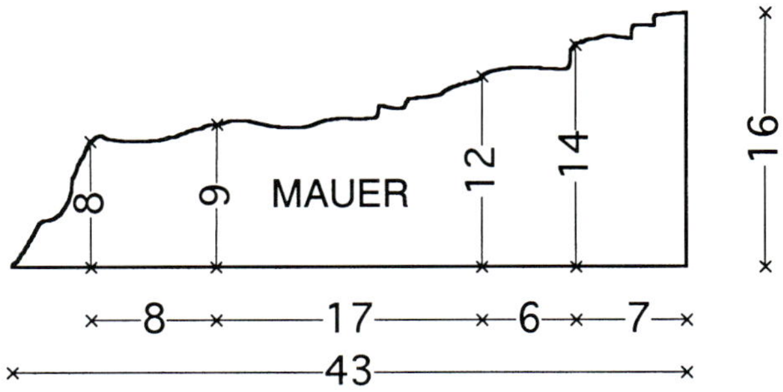

334 Die linke Abschlußmauer wird aus Styrodur (2 cm stark) erstellt; zur Verfestigung wird auf der Rückseite ein 0,4 cm starkes Sperrholz aufgeleimt.

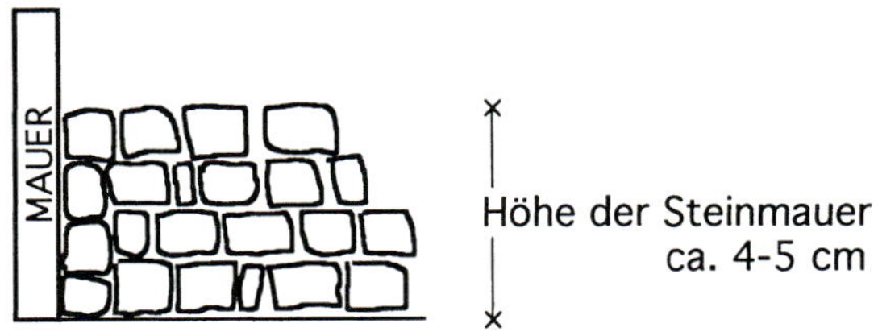

335 Für den Brunnen werden aus Styrodur unterschiedliche Steine gefertigt und aufeinander geklebt.

Brunnen: Für den vorgesehenen Brunnen werden aus einem ca. 1,0 cm starken Styrodurstreifen einzelne Steine in unterschiedlichen Formen geschnitten. Zu beachten ist, daß die Kanten der Sichtfläche bruchsteinförmig gebrochen werden. Die Steine werden aufeinandergeklebt. Damit das Mauerwerk stabil bleibt, ist es ratsam, von oben nach unten in einzelne Steine Nägel oder Drahtstäbchen zu stecken. Der Brunnen (Höhe von 4,0 bis 5,0 cm) wird an der Mauer aufgebaut.
Tip: Für den Wasserauslauf einen knickbaren Trinkhalm verwenden. Damit der Winkel erhalten bleibt, den Halm innen mit Draht verstärken. Schwarz bemalen.

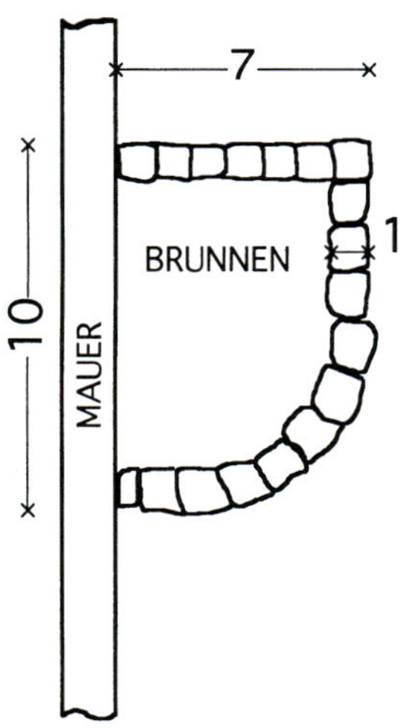

◁ 336 Grundriß zum Aufbau des Brunnens.

337 Der Brunnen schließt an der Mauer an.

338 *Als Verblendung für den Treppenaufgang zu Haus 2 und 3 werden mittels Dämmplatten oder Styrodur Felsen angedeutet.* ▷

339 *Ein ähnlich mit Feldsteinen gemauerter Pfeiler stützt Treppenaufgang und Haus.* ▷▷

Gelände: Mit Resten von Dämmplatten, Styropor und Styrodur das Gelände zum Häuserblock 1 und 5 sowie zu den Häusern 2, 3 und 4 nach Geschmack gestalten. Darauf achten, daß Treppenstufen in der Größenordnung zwischen 1,0 und 1,3 cm angelegt werden. Der Zugang vom Unterbau zu den Häusern 2 und 3 sieht eine Treppe von ungefähr 13 bis 14 Stufen (Breite ca. 6,0 cm, Stufenhöhe 1,2 cm) vor. Als Verblendung für den Treppenaufgang werden mittels Dämmplatte oder Styrodur Felsen angedeutet.

Auch der Aufgang zu Haus 1 wird – beginnend zwischen Brunnen und linkem Höhleneingang – mit Resten von Dämmplatten oder Styrodur als Bodenerhebungen (bis 8,0 cm Höhe) gestaltet. Stufen führen zum Eingang des Hauses. Der Platz davor sollte eben sein, ebenso die Fläche vor dem Eingang zu Haus 5.

Der Geländeunterschied zwischen der Grundplatte und Haus 3 sowie Haus 4 sollte wiederum mit Dämmplatten oder Styrodur ausgeglichen werden.

Verputz: Mit Krippenmörtel wird nun die gesamte Krippe verputzt. Nach dem Antrocknen mit weißer Dispersionsfarbe streichen und dann die Gebäude, Höhle und das Gelände mit Erdfarben behandeln. Die Häuser sollten hell, die Höhle sandsteinartig getönt sein (außen kräftiger als innen). Verwendet werden können die in der Materialangabe aufgeführten Farben.

◁ *340 Die Krippe wird mit Krippenmörtel überzogen und nach dem Trocknen mit weißer Dispersionsfarbe angemalt. Als Dach für das Haus 3 werden Wellpapierstreifen aufgeleimt.*

◁ *341 Zum Schluß die Türen und Fensterfüllungen einsetzen. Anschließend wird die Krippe nach Trocknen der Dispersionsfarbe mit verschiedenen Erdfarben behandelt.*

342 Als Wasserauslauf des Brunnens wird ein Trinkhalm in die Mauer eingesetzt. Palme und Strauchwerk, um den Brunnen plaziert, geben der Krippe ein orientalisches Gepräge. ▷

TURM

Orientalische Krippen benötigen ein vielfältiges Szenarium: temperamentvolles Handelsleben mit regem Treiben, den farbenprächtigen Zug der Heiligen Drei Könige, Hirten mit ihren Herden. Die Krippenstadt kann mit einem Rundturm als charakteristischer Bestandteil der Landschaft angereichert werden.

MATERIAL UND MASSANGABEN

Grundplatte: 24 × 24 cm Sperrholz (0,5 cm stark) oder Spanplatte (0,8 cm stark)

1 Papprolle: ca. 16,0–17,0 cm Durchmesser, ca. 30 cm Höhe, 0,8–1,0 cm Stärke (in Teppich- oder Papierläden erhältlich).

Treppe:
12,0 × 5,5 cm Spanplatte (1,0 cm stark)
10,0 × 3,5 cm Spanplatte (1,0 cm stark)
8,0 × 2,0 cm Spanplatte (1,0 cm stark)

Tür:
11,5 × 1,0 cm Sperrholz (0,4 cm stark)
11,5 × 1,0 cm Sperrholz (0,4 cm stark)
9,0 × 1,0 cm Sperrholz (0,4 cm stark)

Styropor oder Styrodur
Leim
Krippenmörtel
Dispersionsfarbe (weiß)
Erdfarben: Umbra grün, Rehbraun, Oxidgelb und Oxidgrün)

Figurengröße: 8,0 - 10,0 cm

343 Als Erweiterung für eine orientalische Krippe ist sehr gut ein Turm geeignet.

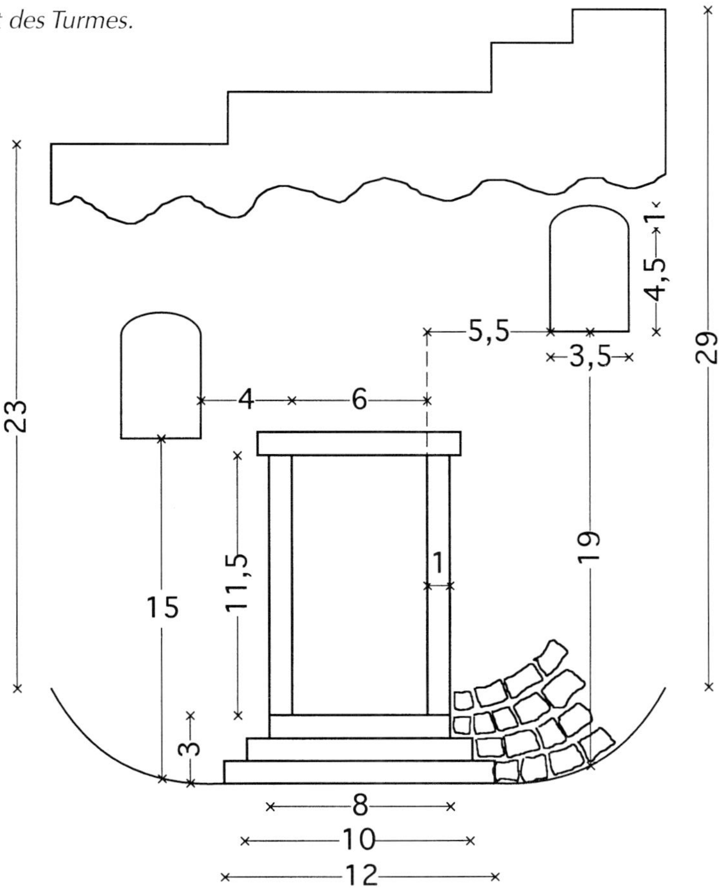

344 Vorderansicht des Turmes.

SCHRITT FÜR SCHRITT

Auf der Rolle den ausgebrochenen Mauerrand einzeichnen; ebenso Türe, Fensteröffnungen und Treppe aufskizzieren. Die Tür und die beiden Fenster mit der Stichsäge ausschneiden. Dabei ist zu beachten, daß bei der Türöffnung nur diese entfernt wird und nicht die aufgezeichneten Treppenstufen. Den Mauerrand ebenfalls zuschneiden.
Zur Fertigung der Treppe nimmt man eine Spanplatte, die im Durchmesser größer ist als der Turm. Darauf setzt man den Turm und zeichnet den Bogen für die Treppenteile 1, 2 und 3 ein.
An den Innenseiten von Tür und Fenster werden Versteifungen aus Styrodur aufgeleimt (1,0 cm stark). Ebenso wird der Türrahmen außen mit 1,0 cm starken Leistchen verstärkt. Zu beachten ist, daß die innen angeleimten Styrodurstreifen und die äußere Verkleidung plan auf der Papprolle aufliegen.
Für die Fensterrahmungen außen benötigen wir zurechtgeschnittene Sperrholzteilchen oder Styrodur, die wir aufkleben (Sperrholz mit Laubsäge zuschneiden, Styrodur mit Schnitzmesser bearbeiten). Um das Mauerwerk realistisch darzustellen, werden entsprechende Steinfugen eingeritzt oder eingeschnitzt (vgl. Zeichnung).

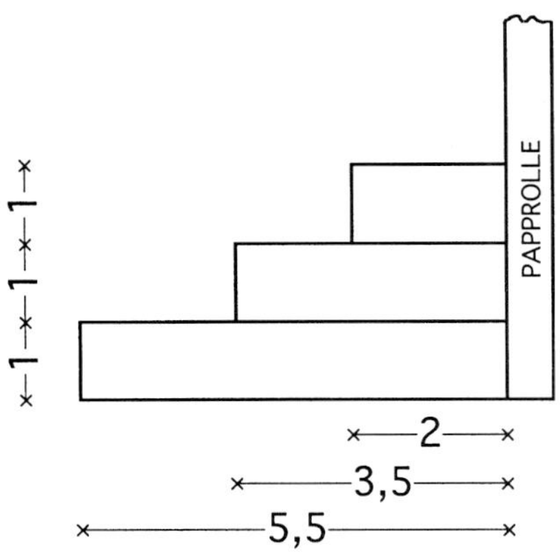

345 Querschnitt des Treppenaufgangs.

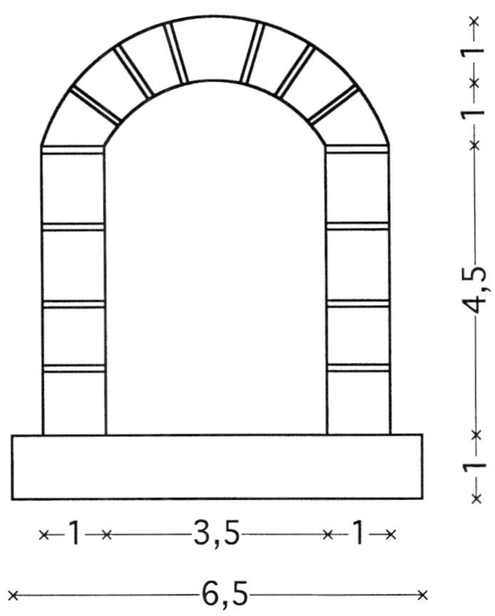

346 Darstellung des Fensterrahmens und des Fenstersimses.

Oberhalb der beiden Fenster werden im Innern des Turmes Holzklötzchen angeleimt. Auf diese wird dann abschließend die Abdeckplatte (Innendurchmesser der Rolle) gesetzt.
Schneiden Sie aus Styropor oder Styrodur verschiedene Steine zurecht; vergessen Sie nicht, mit dem Schnitzmesser die Kanten unregelmäßig zu brechen. Dann nach Gutdünken auf dem Turmdach anbringen.
Um das Mauerwerk des Sockels zur markieren, wird auf einen ca. 5,0 cm breiten Rand Krippenmörtel in einer ungleichmäßigen Stärke von 0,5 – 1,0 cm mittels eines Spachtels aufgetragen. Mit einem Schraubenzieher oder einem keilförmigen Holzstäbchen werden die Mauerfugen eingedrückt.
Zum Schluß alles mit weißer Dispersionsfarbe anstreichen. Nach dem Trocknen mit Erdfarben behandeln. Tip: Trockenfarbe mit Leimwasser mischen; so ergibt sich ein besserer Halt.

347 Für die Erstellung der Treppe wird der Turm auf eine Spanplatte aufgesetzt und jeweils der Bogen für die einzelnen Treppenteile aufgezeichnet.

348 An den Innenseiten von Tür und Fenster werden Versteifungen aus Styrodur aufgeleimt.

350 Die herausragende Innenseite des Turmes wird mit Mauerwerk aus Styrodur verkleidet.

349 Zur Darstellung der eingefallenen Turmmauer werden in verschiedenen Größen geformte Steine aus Styrodur auf die Abschlußplatte, die zuvor eingesetzt wurde, aufgebaut.

351 Für die äußere Tür- und Fensterrahmung werden 1,0 cm starke Leistchen aus Sperrholz oder Styrodur aufgeleimt und entsprechende Steinfugen eingeritzt. ▷

352 Für das Mauerwerk des Sockels verstärkt Krippenmörtel auftragen und Mauerfugen eindrücken. ▷▷

353 Restliche Turmfläche verputzen und mit weißer Dispersionsfarbe anstreichen.

354 Nach dem Trocknen mit Erdfarben behandeln. Tip: Trockenfarbe mit Leimwasser mischen, so ergibt sich ein besserer Halt.

WEITERE KRIPPENMODELLE

Die Modelle wurden gefertigt von Kursleitern und Kursteilnehmern der Bamberger Krippenbauschule.

355 Heimatliche Krippe. Sie ist auf der Titelseite des Buches mit Figuren abgebildet. Sie kann, ähnlich wie die fränkische Krippe auf Seite 33 beschrieben, nach eigener Phantasie unter Berücksichtigung der Figurengröße (siehe Krippenmeter) erstellt werden.

356 Die Tenne des alpenländischen Krippenhauses bietet der Heiligen Familie Schutz und Geborgenheit.

357 Diese alpenländische Krippe ist einem Bergbauernhof nachempfunden.

358 Originalgetreue Nachbildung eines Hauses mit Scheune in der Fränkischen Schweiz.

359 Fränkischer Bauernhof mit Wohnhaus, angebauter Scheune, Schupfen und Backofen – ein friedvoller Rahmen für die Weihnachtsszene.

360 Orientalische Krippe unter Verwendung eines Turmes und eines Brunnens. Die Heilige Familie findet Unterschlupf unter einem schattenspendenden Dach.

BEZUGSQUELLEN

Holzschnitzereien Scheiderer
Krippen und Figuren
Färbergäßchen 8
86150 Augsburg
Telefon: (08 21) 51 88 74
und Augsburger Christkindlesmarkt

Magnus Klee
Holzschnitzereien
Krippen und Zubehör
Obstmarkt 2
96047 Bamberg
Telefon: (09 51) 2 60 37

Geschwister Poppenberger
Wachswaren
Krippen und Zubehör
Hauptwachstraße 9
96047 Bamberg
Telefon: (09 51) 2 16 66

Holzbildhauerwerkstätte Kreutz
Holzschnitzereien und Krippenfiguren
Kreuzbreitlstraße 10
82194 Gröbenzell
Telefon: (0 81 42) 93 40

Brigitte Ramspeck
Holzschnitzereien – Kunstgewerbe
Karolinenstraße 19
96049 Bamberg
Telefon: (09 51) 5 49 47

Gebrüder Lohnert GmbH
Hans-Peter Lohnert
Krippenfiguren aus Kunstharz
Vacher Straße 43
Gewerbegebiet Untermichelbach
90587 Obermichelbach
Telefon: (0911) 7 65 80 76

Monika Hartmann
Kripen und Zubehör
speziell Tonfiguren mit Stoff
kaschiert
Kirschenstraße 13
91580 Petersaurach
Telefon: (0 98 72) 13 01

Allgäuer Hobby-Versand
R. Bergemann
Krippenfiguren – Rohlinge und
fertig geschnitzt; Krippen
Ettlis 65
87448 Waltenhofen
Telefon: (0 83 79) 3 96